Stephan Gebhardt-Seele, Jahrgang 1958, begann seine Laufbahn als Komponist. Als Künstler erlebte er den Frust des »Klinkenputzens« hautnah. Auf dem Gebiet des Marketings ist er ein Quereinsteiger und konsequenter Praktiker. Er erarbeitete sich »on the job« jede Menge Erfahrung in der direkten Kundenakquisition, im Telefonmarketing, Mailing und Verkauf. Schon bald wurde er von Unternehmern nach seinen Rezepten gefragt. Seit 1995 hat er in ganz Deutschland viele Seminare und Workshops zum Thema Kundenakquisition abgehalten und viele Firmen im Bereich der Neukundengewinnung beraten.

Originalausgabe Januar 1998

Umschlaggestaltung: Agentur ZERO, München
Satz: Ventura Publisher im Verlag
Druck und Bindung: Clausen & Bosse, Leck
Printed in Germany
ISBN 3-426-82143-5

5 4 3 2

Stephan Gebhardt-Seele

So bekommen Sie Aufträge

Wie man sich von der Konkurrenz abhebt und Kunden gewinnt

Knaur

Inhaltsverzeichnis

Wie ich dazu kam, dieses Buch zu schreiben 9

Vorwort an den Berufs-Skeptiker 14

Bevor es losgeht: Die salvatorischen Klauseln 18

Teil 1 Nützliche Grundlagen 21

1. Kapitel Gehirnviren und K.-o.-Marketing 23
Ist Werbung eine unsichere Spekulation? 23
Viren im Gehirn 25
Einige Quellen für Inhalte, die falsch, unwichtig oder eigentlich Meinungen sind 26
Gehirnviren produzieren Verallgemeinerungen 28
Was die Gehirnviren im Gehirn anrichten 29
Unsere Denkblockaden im Marketing 33
Die drei Marketing-K.-o.-Formeln 34
Gewissensfragen an die eigene Marketingabteilung 35
Ein lehrreiches Eigentor 37
Ein Marketinglehrgang aus Hollywood 41
Der Olympia-Marketinglehrgang 44
Marketing kostet Geld – und soll welches bringen 48
Der GAU des Marketingmannes 49
Fazit 51

2. Kapitel Marketing, eine brauchbare Definition 53
Was passiert, wenn der Werber verkauft und der Verkäufer wirbt 53
Die größte Schwierigkeit der Konsumgüterwerbung 55
Warum Business-to-Business-Kommunikation mühsam ist . 56
Verkauf für »Nichtverkäufer« 58
Der Krieg im Kopf des potentiellen Kunden 58
Warum eine Schlacht verloren wird 60
Wie wichtig ist die eigene Stärke? 62

Marketing findet im Kopf des Kunden statt 65
Trüffelschwein-Marketing 65
Die Stärke des Schwächeren 66
Warum Werbung nach Großvaters Art heute brauchbar ist 67
Warum ein Brief nicht geöffnet wird 70
Warum Ihr Brief gelesen wird 71
Telefonmarketing für alle, die kein Telefonmarketing mögen 72
Erfahrungswerte zum Thema Telefonmarketing 73
Schlußfolgerungen zum Thema Telefonmarketing 74
Die Alternative zum Telefonmarketing 76

3. Kapitel **Der Kunde, das unbekannte Wesen** 78
Die verschanzte Festung im Kopf des potentiellen Kunden 79
Urknall-Marketing 80
Wie Sie Ihre Zielperson definieren 81
Der Einwand des »interdisziplinären Universaldiversifikators« 82
Ein Gully für Ihre Werbegelder:
Fusionitis, Diversifikation und »Synergieeffekte« . . . 83
Das schwarze Loch für Ihre Werbegelder 87
Warum es sich im Marketing lohnt, im Unrecht zu sein . 89
Der wahre Gesichtspunkt einer Schallplattenfirma . . . 90
Die Regel, deren Verletzung das meiste Geld kostet . . 92
Warum Sie Ihr gutes Produkt zum Zweck der Vermarktung
nicht zu verändern brauchen 93
Exotenprodukte:
Wie man Jazz als Streichquartett vermarktet 94
Wie man durch einen »professionellen« Auftritt
Kunden verscheucht 97
Die unvernünftige Vernunft der Zielperson 102
Die Wahrheit darüber,
warum die meiste Werbung im Papierkorb landet . . . 104

Teil 2 **Die praktische Gebrauchsanleitung** 107

4. Kapitel **Die gewinnende Strategie** 109
Das Risiko der Marktforschung 110
Marktforschung,
die fast nichts oder gar nichts kostet 112
Sieben Aussagen aus der alltäglichen Beobachtung . . 114

Die sieben Eckpfeiler der gewinnenden Strategie 121
1. Personen-Marketing statt Produktpräsentation 124
2. Interessante Information statt originelle Infiltration 131
3. Heiratsantrags-Taktik statt »Balzgesang« 135
4. Glaubwürdigkeit statt Angabe oder Understatement . . . 136
5. Sendepause statt »Hard Sell« 142
6. Kontinuität statt Originalität 143
7. Langfristiger Trend statt spektakuläre Strohfeuer 146
Sie selbst als zentraler Stützpfeiler 147

5. Kapitel **Ihr eigenes Personen-Marketing** 150
Warum Selbstlob wirklich stinkt 150
Wie man sich selbst lobt, ohne zu stinken 155
Die wichtigen Punkte für die Stoffsammlung zu Ihrer persönlichen Biographie 157
Recherchieren Sie über sich wie ein Journalist 159
Was ist die richtige Strategie für Sie? 160
1. Definieren Sie Ihr Angebot 160
Wer kauft Ihr Produkt? 169
2. Definieren Sie Ihre Zielperson 169
The more you tell, the more you sell 172
3. Schreiben Sie der Zielperson einen persönlichen Brief . . 172
Die Fragen, die Sie Ihrer Zielperson auf jeden Fall beantworten müssen 181
Ein Beispiel für teure Response-Verhinderung 183
Wenn Sie sagen, was Sie wirklich wollen, dann werden Sie genau das bekommen 186
Wie Sie – trotz Sekretärin – zu Ihrer Zielperson vordringen 189
Ein Beispiel für echtes »Unplugged«-Marketing 191
Was Sie mit Ihren Kritikern machen sollten 199

6. Kapitel **Zur Praxis des Personen-Marketing** 201
Die gewinnende Strategie – das Verfahren auf einen Blick 202
4. Schicken Sie diesen Brief an so viele Zielpersonen wie möglich 203
5. Schicken Sie weitere Briefe an Ihre Zielpersonen 204
6. Messen Sie Reaktionen von neuen Interessenten, die nicht in gerader Linie zu einem Auftrag führen, nur geringe Bedeutung bei 205

7. Treffen Sie sich persönlich mit den Interessenten, machen Sie sich bekannt, lernen Sie die Zielperson kennen und präsentieren Sie Ihre Leistungen 209
8. Seien Sie darauf vorbereitet, eindeutige Aussagen über Ihren Preis zu machen . . . 210
9. Nehmen Sie Aufträge entgegen 212
10. Verbraten Sie jeglichen Erfolg, den Sie aufgrund der Schritte 1 bis 9 erzielen konnten, in Ihrem nächsten Brief an Ihre Zielpersonen 212
11. Führen Sie genaue Aufzeichnungen über die zählbaren Teil- und Endergebnisse Ihrer Kampagne 214
12. Hören Sie nie auf, neue Adressen von Zielpersonen zu sammeln. Forschen Sie ständig nach neuen Möglichkeiten, um die Anzahl an Adressen von Zielpersonen zu vergrößern 215

Die Einfachheit der Sache 216

Teil 3 Drei Anwendungsbeispiele 219

Für den Berufs-Kritiker 221

Für alle diejenigen, die immer noch den bequemen Fahrstuhl zum Erfolg suchen 221

Beispiel 1: Ausgebucht für mehrere Monate – mit Personen-Marketing 223

Beispiel 2: Personen-Marketing für eine feste Anstellung 230

Beispiel 3: Eigenwerbung einer Werbeagentur mit Personen-Marketing 234

Troubleshooting 242

Anhang 1

Literaturhinweise 245

Anhang 2

Definition des Personen-Marketing 247

Anhang 3

Persönliche Mitteilungen des Autors 248

Warum ich Ihnen Erfolg wünsche 249

Wie ich dazu kam, dieses Buch zu schreiben

Gleich zu Beginn meiner Selbständigkeit stieß ich auf ein Problem, auf das ich in der Schule höchst ungenügend vorbereitet worden war: Wie man Kunden gewinnt. In meinem Fall natürlich Neukunden, denn alte hatte ich ja noch keine. Ich mußte mir eingestehen, daß ich keine Idee hatte, wie ich das anstellen sollte. Also tat ich, was ich für das Nächstliegendste hielt: Ich griff zum Telefon und fing an, potentielle Auftraggeber zum Zweck der Terminvereinbarung anzurufen. Noch ehe die erste Telefonrechnung kam, stand für mich zweifelsfrei fest, daß die telefonische »Kalt-Akquise« zu meinen bestgehaßten Tätigkeiten zählte.

Diese Abneigung schienen übrigens auch die potentiellen Kunden zu teilen – meine Telefon-Performance, eine Mischung aus unsicherem Stottern und amateurhafter Imitation offiziöser Manieriertheit, muß wohl zum Steinerweichen gewesen sein. Mit derlei Dilettantismus konfrontiert, ließen mich die Damen und Herren Angerufenen Desinteresse, Verärgerung oder auch Belustigung über meine verzweifelten Versuche deutlich spüren. Das war unerfreulich. Ebenso wie die unvermeidliche Dürreperiode. Zu wenig Aufträge. Kundenakquisition stand auf dem Programm. Gleich zu Beginn meiner Laufbahn mußte ich feststellen, daß man mir in der Schule zwar beigebracht hatte, wie man bestimmte Arbeiten ausführt, aber nicht, wie man sich vorher ein ausreichendes Honorar dafür sichert – sich also genügend gutbezahlte Aufträge beschafft!

An meinen Einstieg in die Werbewelt vor etwa 12 Jahren kann ich mich noch genau erinnern: Mit stotternder Stimme hatte ich telefonisch einen Termin mit dem Kreativdirektor einer größeren Werbeagentur angebahnt, um mich als Komponist für Werbemusiken vorzustellen. Noch nie war ich vorher im »Allerheiligsten« eines solchen Unternehmens gewesen. Für meine Vorführung hatte ich mir einen batteriebetriebenen, tragbaren Plattenspieler ausgeliehen, mitsamt zwei kleinen Aktivlautsprechern – ein für damalige Verhältnisse höchst exotisches Setup, welches ich dem verblüfften Kreativen auf seinen Schreibtisch stellte. Die Vinylscheibe mit meiner Musik, die ich vorführte, war eine Picture-Disk mit einem aufgedruckten Telefonwählrad. Sie drehte sich in aufrechter Position vor seinen Augen, während der Sound aus den winzigen Lautsprechern drang.

Aufmerksam, doch mit weichen Knien beobachtete ich mein Gegenüber. Er wollte mir Mut machen, hörte sich geduldig den ganzen Titel an, lobte danach meine Arbeit und auch die originelle Präsentation. Freundlich ward ich entlassen, doch wurde mir bewußt, daß das Ergebnis dieses »Verkaufstermins« bestenfalls als unverbindlich bezeichnet werden konnte. Tatsächlich rief er mich aber wenige Wochen später wieder an und erteilte mir einen Auftrag. Das gab mir Mut, und ich beschloß, solche Aktionen jetzt öfter zu wiederholen. Doch da entdeckte ich ein paar Hürden, mit denen ich nicht gerechnet hatte. Vergebliche Bemühungen, einen Auftrag oder auch nur einen Termin zu bekommen, trieben mich beinahe zur Verzweiflung.

Ich probierte alles aus. Potentielle Kunden anrufen, Briefe verschicken, Anzeigen schalten, persönliche Besuche sowie alle Kombinationen der obigen Maßnahmen. Ich konnte mir einfach nicht vorstellen, daß mein Schicksal darin bestehen sollte, zu *warten,* bis jemand mich anruft oder ich »entdeckt« werde. Die Ergebnisse meiner Akquise waren teilweise recht passabel, doch nie so überwältigend, daß ich irgendeines dieser Dinge regelmäßig hätte machen wollen. Einige der Tätigkeiten glichen fatal dem verhaßten »Klinkenputzen«. Obwohl meine Leistungen nachgewiesenermaßen über dem Durchschnitt lagen und die Ergebnisse meiner Arbeit nicht selten Lobeshymnen ernteten, ärgerte ich mich anschließend darüber, daß ich diese offenbar so hochwertige Ware beim nächsten Kunden wieder wie sauer Bier anbieten mußte. Ich verstand das überhaupt nicht. Nachdem ich inzwischen oft für Werbeagenturen gearbeitet hatte, wußte ich einiges darüber, wie professionelle Werbung gemacht wird. Doch was nützte das mir – als Einzelkämpfer? Die Gelder, die ich für eine eigene »Werbekampagne« gebraucht hätte, überstiegen definitiv meine Mittel.

Derlei Erlebnisse führten dazu, daß ich mich entschloß, direkt an das Thema Werbung, Kundenakquisition und Auftragsbeschaffung heranzugehen, und zwar systematisch, methodisch und präzise. Nach dem »Jetzt-erst-recht«-Prinzip des maximalen Eigensinns unternahm ich umfangreiche Selbststudien, besuchte Trainings und erwarb Praxiserfahrung im direkten Verkauf; als Verkäufer für Versicherungen und Kapitalanlagen war ich zwei Halbjahre lang unter den sieben besten des Vertriebs mit ca. 70 Mitarbeitern. Ein Jahr lang betrieb ich eine eigene Telefonmarketing-Agentur, deren Mitarbeiter ich selbst geschult hatte, mit der ich verschiedene Umfragen durchführen ließ und die auch erfolgreich für ihre Kunden arbeitete. Ich entwarf Marketingkonzepte, Mailings und Verkaufshilfen. Damit wollte ich vor allem herausfinden:

1. Gibt es eine leicht durchführbare Auftragsbeschaffungsmethode für Selbständige, die wenig kostet und viel bringt?
2. Gibt es eine überzeugende Lösung für die Schwachstellen des Telefonmarketing?
3. Gibt es eine Möglichkeit, den Akquisitionserfolg von »Zufällen«, »Beziehungen«, aber auch »Sommerlöchern«, Konjunkturschwächen und anderen Flauten unabhängig – und somit vorhersagbar – zu machen?

Und siehe da, ich wurde fündig. Und tat folgendes:

Ich fuhr einen Test. Ich wandte die gefundenen Gesetzmäßigkeiten auf mich selbst an (was wohl das Naheliegendste war). Der Test lief gut, ich bekam bereits mit der allerersten Aktion, die ich durchführte, Aufträge im ca. vierfachen Wert der eingesetzten Vorkosten. Ermutigt und nun mit aktuellen Referenzen ausgestattet, wiederholte ich die Maßnahmen. Schon bald erhielt ich regelmäßig Aufträge. Die Weihnachtszeit verbrachte ich hauptsächlich arbeitend in meinem Büro, um die Aufträge zu bewältigen. Ich war mehr als ausgelastet. Meine Werbung brachte regelmäßig ein Vielfaches dessen an Gewinn herein, was ich dafür investiert hatte. Innerhalb von kurzer Zeit war ich von Null (null Aufträge) auf »mehr-als-ausgelastet« gekommen (zusätzliche Kraft mußte engagiert werden). Doch das Beste war: Ich hatte keinen einzigen Akquisitionsanruf machen müssen! Neue Kunden riefen mich an – von sich aus – o ja! Genau so sollte das sein. Inzwischen bin ich sogar von mehreren Werbeagenturen aufgefordert worden, für ihr Neugeschäft beratend tätig zu sein …

Als ich immer wieder von Kollegen gefragt wurde, wo ich die vielen Aufträge herhatte, ging ich dazu über, sie in mein

Seminar einzuladen, anstatt den Versuch zu unternehmen, es »zwischen Tür und Angel« zu erklären.

Ich definierte, was die Grundlagen meiner erfolgreichen Aktionen gewesen waren, und nannte das Ganze PERSONEN-MARKETING. Warum? Weil es mit der Person zu tun hat, die hinter dem Produkt oder dessen Lieferung steht. Aber dazu später mehr. Um Teilnehmer für das Seminar zu gewinnen, wandte ich meine Erkenntnisse sofort wieder an. Die Folge: Das Seminar wurde innerhalb der nächsten sechs Monate etwa fünfzigmal veranstaltet und war fast immer ausgebucht.

Die Grundlagen, die strategischen Eckpfeiler und die praktische Anwendung von Personen-Marketing sind in diesem Buch vollständig erklärt. Außerdem habe ich im Anschluß eine kleine Dokumentation von Beispielen praktischer Anwendung zusammengestellt und kommentiert. Diese Anwendungen sind nicht erfunden, sondern tatsächlich so durchgeführt worden, mit den ebenso beschriebenen Ergebnissen.

Vorwort an den Berufs-Skeptiker

Ein EDV-Berater berichtete mir, er habe schon bei der ersten Anwendung von Personen-Marketing einen Auftrag im zehnfachen Wert der eingesetzten Vorkosten hereingeholt und sei ausgebucht, seit er mit diesem Verfahren arbeite. Der Inhaber eines Büros für Grafik und Dokumentation mußte seine Anlagen vergrößern und Personal einsetzen, um die Aufträge zu bewältigen. Eine Werbeagentur gewann schon mit dem ersten Einsatz neue Kunden. Ein Produzent erhielt den größten Auftrag des ganzen Geschäftsjahres. Ein Vertriebsmann hatte bereits in der ersten Woche mehrere Anfragen von Leuten, die kaufen wollten. Bei einem Schallplattenvertrieb gingen unmittelbar nach der ersten Anwendung mengenweise Bestellungen ein, und die Vorräte waren schon drei Wochen vor Weihnachten ausverkauft. Ein Geschäftsführer einer Werbeagentur gewann zwei neue Kunden ohne jede Präsentation, was die ganze Akquiseaktion auf Anhieb mehr als rentabel machte – und dies, obwohl ihm Freunde von der Aktion abgeraten hatten.

Die häufige erste Reaktion auf solche Meldungen ist: *»Das hört sich ja an, als hätte jemand das universale Allheilmittel gefunden – da bin ich doch schon aus Erfahrung sehr skeptisch ...«* Nun, auf diesen Punkt möchte ich genauer eingehen. Personen-Marketing, das ich im vorliegenden Buch beschreibe, ist in Wirklichkeit keine sensationelle Neuentdeckung, vergleichbar mit dem ersten Schritt auf dem Mond von Neill Armstrong oder der Teflonschicht in unseren Bratpfannen (ein Nebenprodukt der NASA-Entwicklungen, Geschenk der amerikanischen Steuerzahler an die Menschheit und damit ein wichtiger Nutzen von Raumfahrtprogrammen). Es ist vielmehr ein Akt der Rehabilitation der ältesten Form des Marketing überhaupt. Sie stammt aus der guten alten Zeit, in der die Leute mit Nachnamen »Müller« hießen, weil sie tatsächlich eine Mühle betrieben. Keine Sorge, Sie müssen weder Ihren Namen ändern, noch brauchen Sie aus meinem Namen irgendwelche Schlüsse zu ziehen – ich habe ihn, genau so wie er ist, von meinen Eltern geerbt.

Es gibt so viele Bücher über Marketing, über Werbung, über Verkauf, daß die vielen Informationen, die hier zur Verfügung stehen, einen sehr gut erschlagen können (ich meine das ganz wörtlich – Sie können es mal ausprobieren, indem Sie versuchen, in einer gutsortierten Buchhandlung das entsprechende Regal vor dem Umfallen zu bewahren). Außerdem könnten die vielen, einander teilweise widersprechenden Lehrmeinungen zu diesem Thema den Geschäftsmann leicht an den Rand des Ruins bringen, wenn er gezwungen wäre, sie alle auszuprobieren, um festzustellen, welche wirklich funktioniert. Wenn Sie sich in der Situation befinden, daß Sie in erster Linie damit befaßt sind, ein Produkt oder eine Dienstleistung in der erforderlichen Qualität tatsächlich zu liefern, dann können Sie sich gar nicht mit Ihrer gesamten Zeit oder Manpower nur dem Marketing widmen, richtig? Sie müssen Verfahren einsetzen, die mehr oder minder »nebenher« laufen, während die Produktion und Lieferung Ihrer Ware weiterhin den Hauptteil Ihrer Aktivitäten ausmachen. Nun, dann können Sie natürlich auch kein beliebig aufwendiges Verfahren für Ihr Marketing akzeptieren, gar nicht zu reden vom Budget, welches in der

Phantasie mancher Werbe-Kreativer möglichst unbegrenzt sein sollte.

Um es völlig klarzustellen: ich selbst bin weder ein »Trendguru« der Werbewelt noch ein Marketingprofessor. Dieses Buch entwickelt auch keine Lehrmeinung und schon gar nicht eine neue »Werbephilosophie«, denn es wurde ausschließlich für den praktischen Einsatz geschrieben.

Weil ich das Personen-Marketing ursprünglich nur für meine eigene Anwendung ausgearbeitet hatte, gedachte ich das ganze Thema so einfach und unaufwendig wie möglich zu behandeln. Schließlich wollte ich kein neues Hobby (Auftragsbeschaffung), sondern Aufträge! Wenn ich hier nun einige wirklich simple (und damit auch sehr preisgünstige) Einfachheiten vermittle, die tatsächlich eine gute Wirkung zeitigen, dann riskiere ich natürlich, daß ich von den Honoratioren der etablierten Werbewelt geschmäht oder gar auf den Scheiterhaufen geworfen werde. Nun, das macht nichts. Ich kann mir ja dann mit meiner eigenen Methode wieder einen neuen Job suchen. Und schon der alte Goethe hat gesagt: »Was nicht umstritten ist, das ist auch nicht sonderlich interessant.«

»Aber irgendeinen Haken muß die Sache doch haben ...« (oh, der Berufs-Skeptiker – manche Leute lassen nicht so leicht locker). Ja, natürlich gibt es auch einen Haken. Das Personen-Marketing ist keine Wundermedizin und kein Allheilmittel. Für den Erfolg eines Unternehmens sind mehr Faktoren verantwortlich als nur die Werbung. Und das von mir beschriebene Personen-Marketing wirkt nur im Zusammenhang mit einer Person, die tatsächlich vorhanden ist. (Sie glauben, es sei selbstverständlich, daß jemand vorhanden ist? Nun, versuchen Sie doch mal, jemanden bei der Telekom dazu zu kriegen, Ihnen einen Telefonanschluß zu liefern – bis morgen natürlich, weil Sie ihn dann brauchen.)

Die Sache funktioniert nur dann, wenn jemand sein Produkt oder seine Dienstleistung auch wirklich und ehrlich liefern will. Wenn das nicht gegeben ist, dann hilft auch kein Personen-Marketing. Doch jeder Selbständige, jeder Unternehmer, jede Vertriebs- oder Marketingverantwortliche und auch jeder Künstler, dem der Beruf so viel Spaß macht, daß er ihn auch ernst nimmt, könnte mit dieser Methode so viel Neugeschäft und so viele Aufträge bekommen, daß er sich schon bald die Arbeit aussuchen kann.

In diesem Sinne: Lesen Sie, was ich Ihnen mitzuteilen habe, und urteilen Sie dann selbst!

Bevor es losgeht: Die salvatorischen Klauseln

Salvatorische Klauseln sind, wie Sie sicher wissen, Teil eines Vertrags und meinen ergänzende Bestimmungen, die in Kraft treten, falls getroffene Vereinbarungen ihre Gültigkeit aus irgendwelchen Gründen ganz oder teilweise verlieren. So haben Sie, der Leser, mit mir, dem Autor, auch eine Art Vertrag geschlossen, wenn auch »über drei Ecken«, nämlich den Buchhändler und den Verleger. Wenn Sie das Buch nicht nur kaufen, sondern sogar auch lesen, nun, dann kann es möglicherweise zu einer Verstimmung kommen. Denn wie ich schon im Vorwort erwähnte, bin ich mir des ketzerischen Potentials meiner Äußerungen durchaus bewußt und könnte mit meinen kostenmindernden Gedanken für so manchen Lobbyisten als Zielscheibe dienen.

Meine salvatorischen Klauseln lauten daher:

1. **Nichts von dem, was ich hier erzähle, muß als Dogma oder hundertprozentige Wahrheit hingenommen werden. Es sind meine eigenen Wahrheiten, die ich studiert, ermittelt, erprobt und erfahren habe und die ich hier weitergebe, weil sie vor meinen Augen funktioniert haben. Ich tue das, um zu helfen, erhebe aber keinen Anspruch auf Autorität, Absolutheit oder Vollständigkeit. Ausnah-**

men, Abweichungen oder bestimmte Fälle, in denen ich ganz einfach unrecht habe, sind immer möglich.

Meine salvatorischen Klauseln sind die Rettungsboote, wenn der Leser das Gefühl hat, seekrank im Kopf zu werden, weil er meint, das Schiff der Argumentation sei zu arg ins Schlingern geraten. Das kann durchaus passieren. Denn ich vermittle nicht etwa die hohen Weihen des Marketing, sondern lediglich meine Beobachtungen und meine Schlußfolgerungen daraus. Wenn ich auch auf gute Erfolge bei der praktischen Anwendung zurückblicken kann, so räume ich durchaus ein, daß der eine oder andere Erfahrungen gemacht hat, die von dem hier Beschriebenen abweichen.

2. **Mit nichts von dem, was ich zu sagen habe, möchte ich über irgend jemanden als Künstler, Dienstleister oder Hersteller eines Produktes eine Wertung abgeben. Es steht mir nicht zu, über jemandes Produkt, dessen Qualität oder Wert zu urteilen. Wenn ich einmal etwas Abwertendes über ein Produkt sage, so ist dies immer aus dem ganz spezifischen Gesichtspunkt des Marketing zu sehen. Es bezieht sich niemals auf das Produkt oder die Leistung an sich oder gar auf die Person.**

Viele Leute glauben, Marketing sei eine Art Wettkampf der Produkte. In diesem Buch beschreibe ich genau, warum dies nicht so ist (falls jemand dennoch anderer Meinung sein sollte – siehe salvatorische Klausel Nr. 1). Wie schnell ist man bereit, am Produkt zu zweifeln, wenn der Verkauf nicht läuft. Dieses Buch ist *nicht* dazu da, Ihnen als Experte in Ihrem Gebiet am Zeug zu flicken. Ich werde Ihnen nicht sagen, wie Sie Ihr Produkt machen sollen, denn das wissen

Sie selbst am besten. Marketing bewegt sich viel mehr im Kopf des potentiellen Kunden als in Ihrem eigenen.

3. **Die Grundlage für meine Erkenntnisse sind nachvollziehbare Beobachtungen und etwas, das meine Oma den »gesunden Menschenverstand« genannt hat. Der Gebrauch dieses Hausmittels gilt jedoch in fortschrittlichen Kreisen als veraltet und ist heute fast vollständig in Vergessenheit geraten. Zum Ausgleich dafür gibt es immer neue Möglichkeiten, Dinge kompliziert zu machen. Der Erfolg meiner Methode besteht nicht darin, mit vielen Komplexitäten und Eventualitäten herumzuspielen. Ich strebe nach dem praktischen Nutzen, indem ich überflüssigen Gedankenballast abwerfe, um zu den Grundlagen vorzudringen. Und Grundlagen sind immer einfach – sagt jedenfalls meine Oma.**

Personen-Marketing ist dazu da, Marketing einfach zu halten. Das ist ein Problem, denn die Leute lieben Komplexitäten. Natürlich kann ich niemanden daran hindern, meiner Beschreibung des Personen-Marketing so viele weitere Gedankenschnörkel hinzuzufügen, bis es vollkommen unmöglich erscheint, diese Methode wirklich anzuwenden. Dann wandert das Buch ins Regal zu Ihren Softwarehandbüchern oder in die Universitätsbibliothek, Abteilung Marketing. Ich kann Ihnen nur empfehlen, das Personen-Marketing so einfach zu lassen, wie es ist. Wenn Sie es einfach lassen, wird es gut für Sie funktionieren. Je komplizierter Sie es machen, desto schwieriger wird es für Sie. Sie können es gerne kompliziert machen. Aber sagen Sie dann nicht, ich hätte Sie nicht gewarnt.

TEIL 1

Nützliche Grundlagen

1. Kapitel

Gehirnviren und K.-o.-Marketing

»Wir wissen, daß wir bei der Werbung die Hälfte des Budgets zum Fenster hinauswerfen – wir wissen nur nicht, welche Hälfte.«

David Ogilvy, Gründer der weltweit operierenden Werbeagentur Ogilvy und Mather, »Grandseigneur« der traditionellen Werbewelt, in seinem Buch »Geständnisse eines Werbemannes« die Industriellen Lord Leverhulme und John Wanamaker zitierend – der Ausspruch wird aber auch Henry Ford zugeschrieben.

Ist Werbung eine unsichere Spekulation?

Es ist interessant, mit welcher Leichtigkeit selbst berühmten Werbeleuten und großen Wirtschaftsbossen ein Satz wie der oben zitierte über die Lippen kommt. Man erzählt sich das schmunzelnd – und inzwischen kann man den Prozentsatz der zum Fenster hinausgeworfenen Gelder gefahrlos nach oben korrigieren. Viele Leute sind der Überzeugung, daß Werbung etwas Spekulatives an sich hat, etwas, das man niemals vollständig einschätzen kann. Es gibt auch Dutzende von Beispielen, in denen Werbekampagnen wirkungslos verpufften, obwohl Marktforschung und großangelegte Tests den Erfolg prognostiziert hatten; es gibt ebenso viele

Kampagnen, die in Vortests jämmerlich durchgefallen, aber von engagierten Kämpfern dennoch durchgeboxt worden waren – und großartige Resonanzen und Umsatzsteigerungen erzielten.

Nun ist ein kleines Unternehmen oder gar ein Einmannbetrieb schon vom Budget her nicht besonders experimentierfreudig eingestellt, und solche trifft es um so härter, wenn eine Werbemaßnahme nicht das hereinbringt, was man erwartet hatte, oder gar gründlich floppt. Wenn so etwas passiert, dann bleiben beim Gedanken an das Thema Werbung oft nur die – wie ich sie nenne – geistigen Beruhigungspillen. Es sind die Gedanken, die wir uns selbst oder gegenseitig verabreichen, um uns zu bestätigen, daß wir uns eigentlich gar nicht mit dem Thema Marketing befassen sollten.

»Es ist schwer, sich selbst zu verkaufen« genießt zum Beispiel breite Zustimmung. Da kann ich noch nicht einmal widersprechen. Ich finde das auch.

»Klinkenputzen liegt mir nicht.« Auch hier kann ich nur heftig nickend zustimmen. Wem liegt das schon?

»Die Qualität des Produktes wird für sich selbst sprechen.« Natürlich. Deshalb **»machen Werbung für sich selbst doch nur die, die es nötig haben«,** also diejenigen, deren Produktqualität nicht für sich selbst spricht – ist doch klar, oder?

»Aktive Akquisition hat etwas Anbiederndes.« Besonders die Künstlerfraktion wird dieses Statement sehr begrüßen. Zur Beruhigung sehr geeignet. Ab 18 Jahre.

»Werbung kostet viel Geld.« Das ist richtig. Und weil wir das nicht haben, brauchen wir auch keine Werbung zu machen.

»Mein Produkt ist zu erklärungsbedürftig.« EDV-Leute, Finanzdienstleister, Unternehmensberater, bitte melden. Hier ist Ihr Marketing-Betthupferl.

»Es lauft doch alles über Beziehungen.« Die ultimative

Ausrede. Ja klar! Warum sollten wir uns über Marketing Gedanken machen? Es läuft doch sowieso alles nur über Beziehungen!

Nun, es ist dem Leser sicher aufgegangen, daß Argumente dieser Art zwar beruhigende Wirkung haben können, dennoch nicht mehr als eine sehr oberflächliche Symptombehandlung darstellen. Denn derselbe Henry Ford, der zugab, daß seine Werbung zur Hälfte verschwendet ist, sagte auch diesen bemerkenswerten Satz:

»Jemand, der seine Werbekosten reduziert, um Geld zu sparen, könnte ebensogut versuchen, seine Uhr anzuhalten, um Zeit zu gewinnen.«

Und weil auch viele Unternehmer diese Wahrheit schon erkannt haben, nimmt man eben den hohen Aufwand, den die Werbung mit sich bringt, trotz der eigentlich unbefriedigenden Ergebnisse in Kauf. Denn, so heißt es ebenfalls in aller Kürze, in der die Würze liegen kann: *»Wer nicht wirbt, der stirbt.«*

Viren im Gehirn

Warum begnügen sich trotzdem so viele Leute mit den obigen »Beruhigungspillen«? Die Antwort finden wir bei den sogenannten Gehirnviren. Gehirnviren sind eine den Computerviren ähnliche Erscheinung im menschlichen Gehirn. Es gibt viele Gemeinsamkeiten: Man kann sie nicht leicht finden. Sie richten dort, wo sie sich festgesetzt haben, Schaden an, indem sie bewirken, daß trotz richtiger Eingaben falsche Berechnungen durchgeführt und somit falsche Ergebnisse ausgegeben werden. Gehirnviren – das Wort steht nicht im Duden, ich habe es erfunden. Hier ist die exakte Definition:

Gehirnviren:

a) **Falsches, das wir für richtig halten,**
b) **Unwichtiges, das wir für wichtig halten,**
c) **subjektive Meinungen, nach denen wir denken und handeln, als wären es Daten.**

Unser ganzes Leben lang sind wir dabei, Informationen aufzunehmen. Die wenigsten davon erhalten wir aus erster Hand, also auf eine Weise, daß wir sie vor unseren Augen im physikalischen Universum beobachten können. In beinahe jedem Fachgebiet werden wir mit Meinungen gefüttert, die auf eine Weise verkauft werden, als wären es Naturgesetze.

Zur Verdeutlichung habe ich hier einige Quellen aufgelistet, über die solche Gehirnviren in unsere innere Welt gelangen.

Einige Quellen für Inhalte, die falsch, unwichtig oder eigentlich Meinungen sind

Eltern (meinen es nur gut)
»Mach was ›Sicheres‹, besorg dir eine feste Anstellung, schau, daß du wo unterkommst, kümmere dich um deine Rente« usw.

Hier gibt es nicht viel zu sagen. Jeder hat Eltern, die in der Regel genug Zeit gehabt haben, ihre Kinder mit allen möglichen Varianten und Zusätzen zum Obigen zu bearbeiten.

Lehrer, Professoren (ihnen liegt in erster Linie an technischen/künstlerischen Qualitäten ihrer Schüler und nicht an deren wirtschaftlichem Erfolg)
»Man muß in einem Gebiet die entsprechenden Abschlüsse und Bescheinigungen haben, bevor man ins Geschäft einsteigen kann.«

Denken Sie an den Zielkonflikt der unterrichtenden Zunft: Ein Lehrer ist darauf angewiesen, daß er die Schüler möglichst lange unterrichtet. Möglicherweise wünscht er keine Konkurrenz. Nehmen wir an, Sie möchten gerne Schauspieler werden und gehen zum Schauspiellehrer. Sie lernen alles von ihm, machen alles, was er sagt. Nun, Sie haben gute Chancen, daß Sie selbst einmal Schauspiellehrer werden. Es stellt sich nämlich die Frage, ob er überhaupt unterrichten würde, wenn er genügend Bühnenengagements hätte.

Theoretiker, tatsächliche oder selbsternannte Autoritäten (sind hauptsächlich damit beschäftigt, im Recht zu sein)
Bestes Beispiel: Der Papst. Beispiel aus der Werbebranche: Gerd Gerken füllte Bücher und Seminare zum Thema »Die fraktale Marke«. Das ist eine Marketingstrategie nach der Chaostheorie (ein Spezialbereich der Mathematik). Zunächst wußte keiner, worum es ging. Mathematiker der Chaostheorie behaupteten, Gerken wisse es selber nicht. Was diese Marketingstrategie tatsächlich geleistet hat, ist bis heute nicht vollständig klargeworden. Möglicherweise kommt es auch darauf gar nicht an. (Nachdem die fraktale Kampagne der Zigarettenmarke WEST 1996 eingestellt wurde, gilt diese Theorie heute in der Werbewelt weitgehend als »heiße Luft«.)

Natürlich ist der Papst nicht schuld an diesem Zustand. Es ist nun mal sein Beruf, im Recht zu sein, das steht sogar in seiner Stellenbeschreibung. Und selbsternannte »Päpste« gibt es in fast allen Gebieten.

Die Medien (haben zuviel damit zu tun, bezahlte Anzeigenseiten zu kriegen und reißerische Sensationsmeldungen zu veröffentlichen. Außerdem bekommen sie ihre Informationen von bezahlten, im Auftrag ihrer Geldgeber arbeitenden

PR-Agenturen und sind darüber hinaus oft im Sinne ihrer Kapitalgeber interessengeleitet)

Die »Tagebücher Hitlers«, gefälscht von einem Mann namens Kujau, im »Stern« als Sensation breitgetreten – das ist aber eines der ganz wenigen Beispiele, wo es unvermeidlich war, daß die Sache publik wurde …

Es ist ungerecht, den Journalisten die Schuld für diesen Mißstand zu geben. Sie lernen auf der Journalistenschule, daß man vollständig, exakt, objektiv und wahrheitsgemäß berichten soll. Warum sich keiner dran hält, weiß der Himmel.

Keine dieser Aussagen ist absolut zu sehen. Es bedeutet auch nicht, daß alles, was aus den genannten Quellen stammt, immer falsch oder grundsätzlich unwichtig ist. Der Punkt ist nur: Auch wenn ein Teil richtig ist, dann wissen wir immer noch nicht, welcher Teil. Und so gelangt Richtiges und Wichtiges, vermischt mit Falschem und Unwichtigem, in Umlauf.

Gehirnviren produzieren Verallgemeinerungen

Und damit kommen wir zu einer anderen Gemeinsamkeit zwischen Gehirnviren und Computerviren: Sie vervielfältigen sich ziemlich schnell. Irgendwann glaubt jeder dran, und niemand würde mehr einen Sinn darin sehen, diese Übereinstimmungen noch einmal in Frage zu stellen oder gar zu überprüfen. Wir erhalten die in jedem Gebiet bekannten Dogmen und Verallgemeinerungen:

»Man soll das so machen.« »Man darf es nicht so machen.« »Es geht gar nicht anders.« »Die Firma … macht das auch so.« »Jeder weiß, daß …« »In der Zeitung wird berichtet, …« »Nach Freud (oder irgendeiner anderen Autorität) gilt: …« »Das haben wir schon immer so gemacht.«

Solche Verallgemeinerungen filtern unser Denken und verstellen uns den Blick für die einfache Beobachtung von Dingen, die unter Umständen direkt vor uns liegen.

Was die Gehirnviren im Gehirn anrichten

Die folgende kleine Demonstration, die in vielen Rätselbüchern gefunden werden kann, soll Ihnen zeigen, wie diese Gehirnviren in unserem Denkapparat arbeiten, auf welche Weise sie uns daran hindern, die einfachen Lösungen zu finden. In einem Rätselbuch sind Sie vielleicht schon auf Denksportaufgaben dieser Art gestoßen:

Nicht mogeln!

Verbinden Sie alle neun Punkte mit vier geraden Linien, ohne abzusetzen!

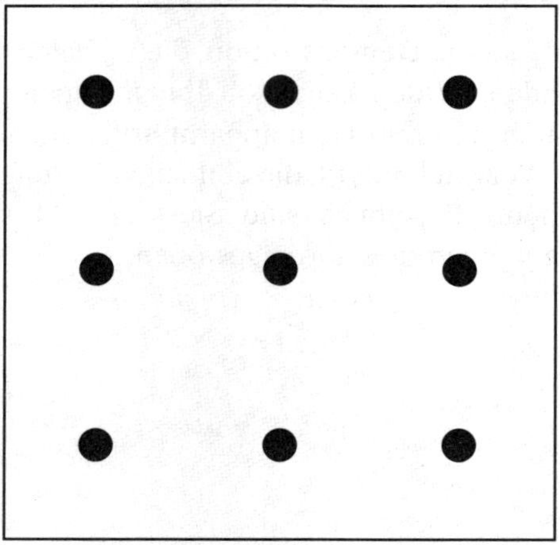

Nicht mogeln, habe ich gesagt!

Nicht einfach die Lösung nachschauen.

Versuchen Sie es noch mal.

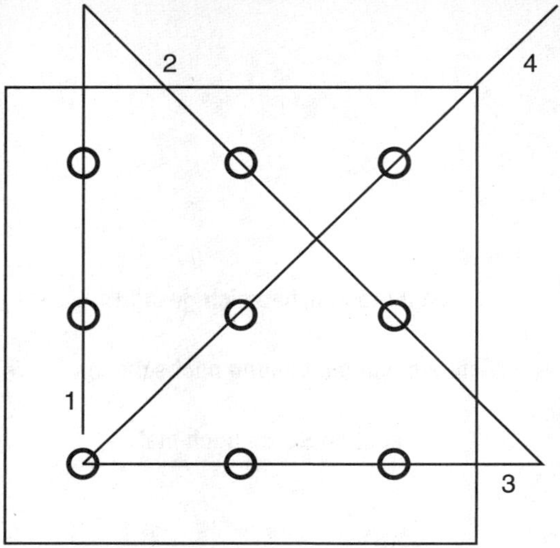

Wenn Sie diese kleine Denksportaufgabe schon gekannt haben, dann können Sie sich bestimmt daran erinnern, wie Sie zum ersten Mal versucht haben, die Lösung zu finden. Eine ganze Weile haben Sie wahrscheinlich damit verbracht, eine Möglichkeit zu suchen, bei der sich alle Linien vollständig *innerhalb* des Quadrats befinden. Und das geht nicht. Man könnte sagen: Solange Sie im Rahmen bleiben, ist die Aufgabe nicht lösbar. Diese Demonstration soll Ihnen zeigen, was Gehirnviren mit uns machen. Sie sind schon vorher drin, noch bevor uns eine entsprechende Aufgabe gestellt wird, und sie geben uns die merkwürdigsten Vorgaben und Befehle, die eigentlich gar nicht Bestandteil der gegenwärtigen Aufgabe sind.

Zum Beispiel so: Linie 1: Man malt nicht über solche »Begrenzungskästchen« hinaus, nicht wahr? Linie 2: Nur zwei Punkte? Das widerspricht irgendwie dem deutschen

Effizienzdenken – man könnte doch auch drei Punkte mitnehmen. Linie 3: Zurück zum Ausgangspunkt, noch bevor man fertig ist? Nein, das kann eigentlich nicht sein. Wir haben schon immer gelernt, daß es den Nachtisch erst gibt, wenn das Hauptgericht aufgegessen ist.

Vor einiger Zeit habe ich über eine interessante praktische Anwendung für derlei Spielereien gelesen: In Asien soll es einen See geben, der sich in der Nähe des Äquators befindet. Wegen seiner geographischen Lage scheint die Sonne fast gerade auf das Wasser und bis auf den Grund. In dem See gibt es Fische, und die Fischer haben eine sehr interessante Methode, diese Fische zu fangen. Sie binden Holzbalken zu einer Kette aneinander und lassen sie auf dem Wasser schwimmen. Die Sonne scheint darauf, und die Holzbalken werfen einen Schatten-Käfig bis auf den Grund. Die Fische glauben nicht, daß sie durch diesen Schatten hindurchschwimmen können, und bleiben immer auf einer Seite. Wenn die Fischer ihre Holzkonstruktion nun an Land ziehen, dann wird das Wasser immer seichter, und die Fische müssen sich in immer weniger Wasser drängeln, denn sie trauen sich nicht, durch den Schatten zu schwimmen. Schließlich können die Fischer die Fische leicht mit der Hand herausholen oder mit einem Pfeil aufspießen. Die Fische sterben lieber, als daß sie durch den Schatten schwimmen würden.

Unsere Denkblockaden im Marketing

Im Marketing liegen die Dinge nicht viel anders (wie übrigens in vielen Gebieten, wo es wenig exakte Daten und viele Meinungen gibt): Die Leute nehmen Mißerfolge und Kosten ohne Nutzen in Kauf, weil sie liebgewonnene Gewohnheiten nicht ändern wollen oder gar nicht glauben, daß das überhaupt möglich ist. Wir werden gleich Beispiele dafür besprechen. Was sind aber nun genau unsere »Kästchen«, die Denkblockaden, im Marketing?

Hier sind drei besonders fatale. Ich habe sie die drei Marketing-K.-o.-Formeln genannt, weil Leute glauben, es sind Formeln, die man befolgen muß. Bei der Anwendung im Marketing geht man dann k. o. Und das betrifft nicht etwa nur Einzelkämpfer oder kleine Unternehmen. O nein, auch in Großkonzernen ist man von der Gültigkeit dieser Formeln sehr überzeugt. Man wendet sie konsequent an. Und steckt dabei ordentlich ein (Großkonzerne können eine ganze Menge einstecken, bevor sie wirklich k. o. gehen). Hier sind sie:

Die drei Marketing-K.-o.-Formeln

1. **»Das Weiterkommen im Beruf, der Erfolg von Unternehmen und die Durchsetzung von Produkten am Markt sind ein Wettbewerb.«**
2. **»Um sich gegen eine übermächtige Konkurrenz zu behaupten, muß man mutig, intelligent und einfallsreich genug vorgehen.«**
3. **»Ein gutes Produkt sollte für sich selbst sprechen, und die bessere Qualität wird sich durchsetzen.«**

Warum sind das K.-o.-Formeln? Das klingt doch ganz vernünftig. Die erste könnte durchaus aus einem Lehrbuch über Betriebswirtschaft stammen. Formel 2 und 3 können Sie in vielen Firmenprofilen (Imagebroschüren) nachlesen. Werbeleute, die in meinem Seminar waren und aufgrund ihres Berufes schon viele solche Broschüren erstellt haben, konnten das bestätigen.

Gewissensfragen an die eigene Marketingabteilung

Überprüfen Sie doch zunächst einmal an sich selbst, inwieweit Sie sich an diese K.-o.-Formeln gehalten haben. Beginnen wir mit der Marketing-K.-o.-Formel Nr. 3:

»Ein gutes Produkt sollte für sich selbst sprechen, und die bessere Qualität wird sich durchsetzen.«

Stellen Sie sich hierzu die folgenden Gewissensfragen:

- Haben wir nicht alle in unserer Werbung und Akquisition unser Produkt in den Vordergrund gestellt?
- Arbeiten wir nicht alle an einer hohen Qualität, und haben wir nicht alle das Gefühl, daß uns allein das schon ins Recht setzt?
- Bauen wir nicht alle insgeheim darauf, daß sich Qualität am Ende immer durchsetzen wird?

In dem Maße, wie Sie diese Gewissensfragen mit ja beantworten konnten, haben Sie sich auch an die Marketing-K.-o.-Formel Nr. 1 gehalten. Das ist nicht so schlimm. Sie befinden sich in bester Gesellschaft. Die Firma Coca-Cola zum Beispiel hat das auch getan.

Sehen wir uns als nächstes die Marketing-K.-o.-Formel Nr. 2 an:

»Um sich gegen eine übermächtige Konkurrenz zu behaupten, muß man mutig, intelligent und einfallsreich genug vorgehen.«

Und hier wieder die dazugehörigen Gewissensfragen:

- Haben wir nicht alle schon einmal eine mutige Aktion unternommen, die uns Geld gekostet, aber nicht das hereingebracht hat, was wir erwartet hatten?
- Haben wir nicht schon alle über eine intelligente Strategie für unsere Kundenakquisition nachgedacht, die uns einen Vorsprung verschaffen sollte?
- Haben wir nicht alle schon originelle Ideen entwickelt, um unsere Produkte und unsere Werbung zu verbessern?

Es ist ziemlich normal, das Obige zu tun. Es kann noch nicht einmal behauptet werden, daß es vollkommen verkehrt wäre. Doch eine Marketingstrategie, die auf diese Formel aufgebaut ist, wird unweigerlich fehlschlagen. Wir werden gleich sehen, warum. Doch zuvor werfen wir noch einen Blick auf den wirklichen Budget-Killer, die Marketing-K.-o.-Formel Nr. 1:

»Das Weiterkommen im Beruf, der Erfolg von Unternehmen und die Durchsetzung von Produkten am Markt sind ein Wettbewerb.«

Und hier sind wieder die Gewissensfragen:

- Haben wir uns nicht alle von Kindesbeinen an für wichtige Karrierestationen unseres Lebens in die Situation eines Wettbewerbs begeben müssen?
- Haben wir uns nicht immer in einem Wettbewerb gegen die Konkurrenten durchzusetzen, um eine begehrte Stelle, einen Studienplatz, einen Geldpreis, einen attraktiven Vertrag, einen guten Job zu erhalten?

? Haben wir nicht unser ganzes Leben lang von den Medien den »Erfolg« in Gestalt von Wettbewerbssiegern vorgeführt bekommen?

An der letzten Frage können Sie erkennen: Es ist praktisch Allgemeingut. Totale Übereinstimmung. Ich werde zu diesem Punkt oft gefragt, ob es denn überhaupt eine Alternative gibt.

Lassen Sie mich hierzu eine Sache klären: Ich meine nicht »den Wettbewerb«, d. h. die freie Marktwirtschaft an sich (das ist eine andere Definition von Wettbewerb). Denken Sie einfach an eine Präsentation, an ein Angebot, das Sie abgeben, um einen Auftrag zu erhalten, während Ihre Mitbewerber ebenfalls präsentieren. Das ist eine Wettbewerbssituation. Oder denken Sie an einen richtigen Wettbewerb, mit erstem, zweitem und drittem Sieger.

Also noch mal die Frage: Warum sind das K.-o.-Formeln? Was ist daran so schlimm und so gefährlich?

Ein lehrreiches Eigentor

Hier ist noch einmal die Marketing-K.-o.-Formel Nr. 3 …

»Ein gutes Produkt sollte für sich selbst sprechen, und die bessere Qualität wird sich durchsetzen.«

… an die sogar die allmächtige Firma Coca-Cola glaubte. Coca-Cola ist immerhin Marktführer im Bereich Limonadegetränke mit Koffeingeschmack und gehört zu den weltweit bekanntesten Unternehmen. Pepsi-Cola ist der Herausforderer, also eine Art BMW unter den Limonadegetränken mit Koffeingeschmack. Jahrzehntelang hatten sich Coca-Cola und Pepsi bereits wüste Gefechte geliefert, um ihre Marktanteile zu vergrößern bzw. dem anderen welche abzujagen. Und dann kam Pepsi-Cola mit dem »Pepsi-Test« heraus. Dieser verdeckte Geschmackstest, der in der Öffentlichkeit und im Fernsehen mit großem Wirbel vorgeführt wurde, bestand darin, daß die Testpersonen drei verschiedene Getränke probierten, um dann zu entscheiden, welches am besten schmeckt. Erst dann wurde offenbart, welche Marke sich hinter der Wahl verbarg. Und siehe da: Zwei Drittel der Tester entschieden sich bei diesem »objektiven« Blindtest für Pepsi. Wie konnte so etwas passieren? Coca-Cola war doch Marktführer!

Nun, mit der Substanz, die ein Colagetränk zur »Cola« macht, hat es folgendes auf sich: Es handelt sich um einen Bitterstoff, um eine Medizin, die ursprünglich von einem Apotheker entwickelt worden war. Damit sie sich leichter einnehmen ließ, hatte er sie mit Brause vermischt. Sie können sich aus eigener Erfahrung vorstellen, daß, wenn Sie schon gezwungen sind, einen Bitterstoff einzunehmen, dies um so angenehmer ist, je mehr Zucker Sie dazugeben. Und schon haben wir des Rätsels Lösung: Pepsi-Cola ist etwas süßer als Coca-Cola. Deshalb war es klar, daß beim verdeckten Geschmackstest zwei Drittel der Tester – und mit ihnen alle Fernsehzuschauer – die Erkenntnis der großen Wahrheit erlangten, nämlich daß Pepsi-Cola besser schmeckt als Coca-Cola. Beim Marktführer Coca-Cola war man selbstredend empört. Also so was, das gibt's doch wohl nicht! Wir, der Marktführer, Coca-Cola, haben also *nicht das beste Produkt???* Da mußte etwas unternommen werden. Und es wurde.

Sie haben sicher geahnt, was – es scheint nur zu logisch: Mehr Zucker rein! Jawoll! Und mit »verbesserter Geschmacksformel« (trari-trara) kam auf den Markt: *New Coke.* New Coke? Kennen Sie New Coke? Nein? Kein Wunder. New Coke war ein Rohrkrepierer. Die Marktanteile von Pepsi schossen in die Höhe, Atlanta meldete »Land unter«. Was war geschehen? Die Coca-Cola-Geschmacksformel, der Gral der Branche, der Garant des »Echten, Wahren«, verwahrt in einem dicken Safe in Atlanta – die wertvollste Rezeptur des gesamten bekannten Universums, die nur sieben lebende Personen je zu Gesicht bekommen haben sollen –, diese Formel war verändert worden! Das »Echte, Wahre« war plötzlich verschwunden, ersetzt durch irgendwas Modernes, das niemand wollte, der sich für einen echten Amerikaner hielt.

Mit einem verdeckten Geschmackstest konnte natürlich jederzeit bewiesen werden, daß New Coke am besten, Pepsi am zweitbesten und Coca-Cola am schlechtesten schmeckte. Doch wen interessierte das? Ein solcher Beweis des besseren Produkts hätte nach Adam Riese voll durchschlagen müssen. Tat er aber nicht. Den Leuten war das »Echte, Wahre« eben lieber als ein Beweis des besseren Geschmacks. Ohne Geschmackstest schätzten die meisten Konsumenten nach wie vor Coca-Cola als das Beste ein. Man bedenke außerdem, daß New Coke nicht etwa das Newcomer-Produkt einer Garagenfirma war, sondern von einer der mächtigsten Firmen der Welt beworben wurde. Vergeblich.

Und was passierte dann? Wenige Monate, dafür viele Werbemillionen später kam ein arg angeschlagenes Marketingteam aus Atlanta angekrochen und meldete kleinlaut die Rückkehr der Originalformel in Form von *Classic Coke.* Diese Marke kennen Sie bestimmt. Es ist die ursprüngliche Formel von Coca-Cola. Man versuchte zu retten, was zu retten war, aber dieses Eigentor hätte Coca-Cola um ein Haar die Marktführerschaft gekostet. Die K.-o.-Formel Nr. 3! Am Beispiel des »Pepsi-Tests« und der panischen Reaktion von Coca-Cola lassen sich die beiden folgenden Beobachtungen machen:

a) Ein schlüssiger Beweis, daß ein bestimmtes Produkt besser ist, führt nicht automatisch dazu, daß die Konsumenten glauben, das Produkt sei wirklich besser.

Hätte sonst nicht New Coke – als das bessere Produkt und mit »verbesserter Geschmacksformel« – einfach wieder das Rennen gemacht? Nicht der Pepsi-Test, sondern die Tatsache, daß Coca-Cola das »Echte, Wahre« einfach vom Markt verschwinden ließ, verursachte die Einbrüche bei den Verkaufszahlen.

b) Nicht das bessere Produkt setzt sich durch, sondern dasjenige, von dem die die Konsumenten glauben, es sei besser. Und vor allem: sie glauben nicht, was sie schmecken, sondern sie schmecken das, was sie glauben.

Es gibt weitere Beispiele von Produkte-Wettrennen, die nicht vom »Besten« gewonnen wurden. Ein sehr bekanntes ist die VHS-Cassette. VHS war das schlechteste der drei Systeme, die angetreten waren (die beiden anderen waren Betamax und Video 2000). Betamax – das eindeutig bessere Produkt – war auch nicht die Entwicklung eines kleinen Hinterhoftüftlers, sondern das Erzeugnis der allgewaltigen Sony Corporation. Doch das bessere Produkt ist eben nicht der Garant für einen Marketingerfolg.

Sie können das jederzeit selbst testen: Kaufen Sie einen billigen Rotwein in der 1-Liter-Flasche, schütten Sie den Inhalt in eine leere Flasche mit edlem Etikett, schenken Sie den Inhalt vor den Augen Ihrer Freunde vorsichtig in wertvolle Gläser und fragen Sie nach ihrem Urteil. Echte Weinkenner sind natürlich ausgenommen – doch Sie werden feststellen, die überwiegende Zahl der Testpersonen wird ein Urteil abgeben, das dem Etikett und Ihrer

»Performance« Rechnung trägt – für den Fall, daß Sie Ihr Pokerface während der ganzen Vorführung aufbehalten können.

An dieser Stelle möchte ich jedoch dringend die salvatorische Klausel Nr. 2 in Erinnerung bringen: Marketing ist zwar kein Wettbewerb der Produkte. Mit der K.-o.-Formel Nr. 3 will ich Ihnen aber nicht etwa sagen, es sei unwichtig oder gar egal, ob Sie ein gutes Produkt liefern. Nein! Im Bereich Ihres Produkts sind Sie selbst der Experte, und so, wie Sie sagen, daß die Qualität sein muß, so muß sie sein. Bitte liefern Sie ein so gutes Produkt wie möglich. Aber: machen Sie das nicht zu Ihrer Marketingstrategie. Gehen Sie nicht mit der »besseren Mausefalle« hausieren. Es ist ein mühsamer Kreuzzug, bei dem Sie alle außer Ihren Stammkunden ständig für Ihren eigenen Qualitätsanspruch »missionieren« müssen.

Ein Marketinglehrgang aus Hollywood

Nun gibt es haufenweise Beispiele für Werbekampagnen, bei denen der Versuch unternommen wird, mit einer »guten Idee« einen mutigen Einsatz zu fahren, um so – praktisch per Überrumpelungstaktik – einen Fuß in die Tür zu bekommen. Hier finden wir die Anwender der Marketing-K.-o.-Formel Nr. 2:

»Um sich gegen eine übermächtige Konkurrenz zu behaupten, muß man mutig, intelligent und einfallsreich genug vorgehen.«

Diese »Heldenmethode« wird uns seit Anbeginn der Zeiten (Homer, germanische Heldensagen) bis heute (Rambo, James Bond) immer wieder nach demselben Strickmuster verkauft:

a) Der Held hat eine ungewöhnliche oder gar utopische Idee. Er vertritt die gute Seite und die bessere Lösung, hat das bessere Produkt und glaubt, zusammen mit dem Publikum, natürlich an die K.-o.-Formel Nr. 3.
b) Die Schwierigkeiten scheinen unüberwindlich.
c) Ganz allein setzt er sich schließlich gegen eine viel stärkere Übermacht von Bösewichten und Gegnern aus den eigenen Reihen durch. Seinen Sieg erringt er durch besonderen Mut, besondere Intelligenz oder gar einen riskanten Einsatz.
d) Alles wird gut, der Held erhält seine verdiente Anerkennung und die Frau seiner Träume, alle Gegner sind bekehrt, tot, wehrlos oder leisten zerknirscht Abbitte.

Es ist sehr interessant zu sehen, wie Hollywood, Marktführer in der Unterhaltungsindustrie, es geschafft hat, den Europäern sogar im Filmbusineß selbst den Inhalt der Filme als eine Art Gebrauchsanleitung für deren Herstellung zu verkaufen: Deutsche Filmproduktionen sind nicht selten Alleingänge von einzelnen oder wenigen Mutigen.

Die Wahrheit könnte man schon im Abspann eines solchen Hollywoodfilms nachlesen, eine nicht enden wollende Liste von vielen Mitwirkenden – das sollte uns einen Hinweis geben, daß die hier vorgespielte Lösung in der Praxis so nicht realisierbar ist. Leute wie die »Stuntmen Coordinators« und »Special Effects Supervisors« tragen ihren Teil dazu bei, und man braucht kein Filmproduzent zu sein, um zu wissen, wie oft die Szenen gedreht werden und welcher Aufwand in der Nachbearbeitung (neudeutsch »Postproduction«) betrieben wird, damit es dann so aussieht, als wäre jeder Schuß unseres Helden ein Treffer, während die anderen natürlich immer nur Querschläger produzieren.

Es gibt noch einen anderen Hinweis, der ganz klar zeigt,

wie wenig realistisch solche Heldenmethoden sind: Stellen Sie sich einfach vor, Sie könnten den Erfolg des einzelnen mutigen Helden gegen einen übermächtigen Gegner an jeder Straßenecke beobachten. Bei Ihnen selbst, bei Ihren Eltern, Verwandten, Freunden – es wäre eine ganz normale Sache. Wer würde dann Filme darüber drehen? Und wer würde diese Filme gegen Eintrittsgeld anschauen wollen, wenn das alltägliche Vorkommnisse sind? Geschichten wie die von David und Goliath werden hauptsächlich deshalb immer noch erzählt, weil sie sich in Jahrtausenden fast nie wiederholt haben. Wären sie denn sonst so sensationell?

Im Marketing treffen wir auf solche Heldentaten in Form von teuren Hochglanzbroschüren, doppelseitigen Anzeigenkampagnen (die man viel leichter überblättern kann als einseitige), Werbespots, die in 30 Sekunden vorbei sind und soviel kosten wie in ein ganzer Spielfilm (die Zuschauer verwenden genau diese 30 Sekunden als Pinkelpause), und vor allem in Form von viel Wirbel um die Kreativität dieser Auftritte. Erlauchte Gremien und weise Jurys halten die entsprechenden Orden zur Verleihung bereit. Die gemeinsame Eigenschaft solcher Höchstleistungen ist, daß sie teuer erkauft werden. Und das gilt letztlich für jede Höchstleistung, im Sport, in der Wissenschaft und eben auch in der Werbung. Wäre es einfach gewesen, wäre ja der Witz weg.

Aber dann gibt es natürlich auch das »Grabmal des unbekannten Soldaten« im Marketing. Hier ruhen die Gelder der vielen kleinen und mittleren Unternehmen und Freiberufler, die für irgendwelche Werbeaktionen ausgegeben worden sind, die niemand so recht bemerkt hat. Sie haben wenig oder nichts gebracht, außer den Druckern Arbeit. Die meisten davon waren in einer Art Antrieb von »Ich mache das jetzt, das muß einfach gut werden ...« gestartet worden.

Obwohl uns das tägliche Leben so oft das Gegenteil beweist, halten wir doch sehr gerne an der Gültigkeit der beiden K.-o.-Formeln 3 und 2 fest. Sie rechtfertigen nämlich hervorragend unsere eigenen Mühen um Wahrheit und Qualität. Daß sich jemand um Wahrheit und Qualität bemüht, ist nicht verkehrt. Sofern es die Herstellung und Lieferung Ihres Produktes betrifft, ist es sogar notwendig. Es wäre schön und vor allem nur gerecht, wenn die beiden Formeln auch im Marketing gelten würden. Aber im richtigen Leben geht es meist härter zu als im japanischen Kampfsport. Die Verwendung der »Heldenmethode« kann zwar für einiges Aufsehen sorgen, ist aber leider niemals eine ausreichende Garantie für den Erfolg.

Der Olympia-Marketinglehrgang

Wenden wir uns nun dem schlimmsten und kostenträchtigsten Gehirnvirus zu, der Marketing-K.-o.-Formel Nr. 1:

»Das Weiterkommen im Beruf, der Erfolg von Unternehmen und die Durchsetzung von Produkten am Markt sind ein Wettbewerb.«

Wir kennen diese Sicht »das Leben als Wettbewerb« aus allen unseren Lebensstationen: Schule (Noten), sportliche Wettkämpfe, Talentwettbewerbe, Hochschule (Numerus clausus), Wettbewerbe in künstlerischen Disziplinen, Aufnahmeprüfungen, Abschlußprüfungen, Stellenbewerbungen, Auditions (Vorführung künstlerischer Fertigkeiten vor einem beurteilenden oder jobvergebenden Gremium), Angebote/Vertragsverhandlungen, Präsentationen, Beförderungen, Wahlen – alles Wettbewerbe! Wettbewerbssituationen, bei denen die logischen Grundregeln so lauten:

a) Viele Kandidaten treten unter gleichen Bedingungen an.

b) Die Bewertungskriterien sind vorher bekannt und werden von allen anerkannt.
c) Derjenige, der nach diesen Kriterien der Beste ist, gewinnt.

Es ist hier unwesentlich, ob die einzelnen Wettbewerbe fair oder unfair ausgetragen werden, ob Bewertungskriterien logisch sind oder unlogisch, ob die Jury kompetent ist oder ob man einen Wettbewerb für den jeweiligen Zweck überhaupt für sinnvoll oder für unsinnig hält. Ich lenke nur die Aufmerksamkeit auf die Tatsache, daß uns allen von Kindesbeinen an jegliche Möglichkeit des Weiterkommens im Leben so verkauft worden ist: als ein Wettbewerb!

Denken Sie an die besonders geplagten Spezies, die sogenannten »verkammerten« Freiberufler, zu denen in Deutschland die Architekten, Ärzte, Rechtsanwälte und Steuerberater gehören. Sie sind (zwangsweise) in ihrer Kammer organisiert, deren Vertreter sich wie Wächter des guten Geschmacks aufführen und ihren Schäflein eine Menge unnötiger Vorschriften machen. Unter anderem gibt es da die Auflage, daß ein Kammermitglied nicht werben darf. In ihrem Übereifer und einem falsch verstandenen »Standesbewußtsein« treiben solche Reglementsüchtigen einen ganzen Berufsstand in eine Lage, in der beispielsweise der Architekt kaum andere Chancen hat, an Aufträge zu kommen, als daß er an Wettbewerben teilnimmt. Und weil – das ist ja das Typische an so einem Wettbewerb – viele Architekten sich um einen einzigen Auftrag bemühen, wird der einzelne Architekt nur einen Bruchteil dieser Wettbewerbe gewinnen und somit einen guten Teil seiner Zeit ohne Bezahlung arbeiten, in der Hoffnung, irgendwann einmal den ganz großen Fisch an Land zu ziehen.

Wenn ich nun behaupte, daß solche Wettbewerbssituationen für das Marketing nicht brauchbar sein sollen, dann drängt sich natürlich die Frage auf, warum die Leute sich dennoch so sehr dafür interessieren. Was ist es genau, das einen Wettbewerb interessant, attraktiv und spannend macht? Es sind diese drei Kriterien:

1. Viele sind angetreten, aber nur wenige oder nur einer wird gewinnen.
2. Beim Wettbewerb kommt es hauptsächlich auf Spitzenleistungen an.
3. Auch wenn der Preis für den Sieger attraktiv erscheint – der geforderte Gesamteinsatz ist immer viel höher, als der Preis wert ist.

Sie können umgekehrt sagen, wenn eines dieser Kriterien fehlt, dann ist der Wettbewerb nicht spannend. Können Sie sich einen Wettbewerb vorstellen, bei dem jeder oder alle gewinnen? Was wäre daran interessant? Und: ein Wettbewerb mit normalen, durchschnittlichen Leistungen? Wer würde da hingehen? Daß der Gesamteinsatz höher angesetzt werden muß, als der Preis wert ist, ist nicht immer offensichtlich. Man ist geneigt zu glauben, es gelte nicht für Tennis. Wenn ein Spitzenspieler wie Boris Becker für wenige Stunden sechsstellige Preisgelder entgegennimmt, ist das eine Ausnahme? Rechnen Sie es nach: Wenn Sie tatsächlich einen zweiten Boris Becker *herstellen* sollten, der vorhersagbar bei solchen Wettbewerben eine Chance hätte, dann haben Sie bis dahin mit Sicherheit mehr ausgegeben, als bei den ersten drei solchen Wettbewerben zu gewinnen ist. Und es bleibt immer noch das Risiko, daß es überhaupt etwas wird. Wenn das alles buchhalterisch vorherberechenbar wäre, dann könnten wir doch alle morgen anfangen, Tennis zu üben. Jeder, der rechnen kann, könnte mitmachen. Und infolgedessen würden dann einfach die Hürden wieder höher gesetzt. Denken Sie an Wettbewerbe für Künstler, Kreativwettbewerbe für die Werbebranche und ähnliches. Allein was die Teilnehmer für ihre Berufsausrüstung ausgegeben haben, ist oft ein vielfacher Betrag dessen, was großartig als erster Preis ausgelobt wurde.

Ich möchte hier nicht generell gegen Wettbewerbe zu Felde ziehen. Ich mache nur darauf aufmerksam, daß es nicht der Zweck von solchen Wettbewerben ist, den Lebensunterhalt der Wettbewerbskandidaten zu sichern, sondern eher den Lebensunterhalt des Veranstalters.

Trotzdem ist die Formel »Marketing als Wettbewerb« eine Sache, die sich breitester Zustimmung erfreut. Überprüfen Sie das an sich selbst. Stellen Sie sich anhand der drei obigen Interessantheitskriterien die dazugehörigen Gewissensfragen:

1. Viele sind angetreten, aber wenige oder nur einer wird gewinnen.

Bewerben wir uns nicht hauptsächlich dort, wo sich viele andere bewerben? Zum Beispiel bei den Auftraggebern, die auf irgendeine Weise geäußert haben, daß sie einen Auftrag vergeben? Nehmen wir damit nicht auch immer in Kauf, daß auch zahlreiche Mitbewerber das wissen, sich ebenfalls bewerben, der Auftraggeber mehrere Konkurrenzengebote einholt oder gar ein großes Auswahlverfahren durchführt?

2. Beim Wettbewerb kommt es auf Spitzenleistungen an.

Wenn wir einen potentiellen Kunden »an der Angel« haben, bieten wir dann nicht unser Äußerstes an Kalkulationsgeschick und unsere Bestleistung in der Präsentation, um den Auftrag auch wirklich zu erhalten?

3. Auch wenn der Preis noch so attraktiv erscheint – der geforderte Gesamteinsatz ist immer viel höher, als der Preis wert ist.

? Haben wir nicht schon alle darüber nachgedacht, daß unser Beruf eigentlich recht einträglich wäre, wenn die Kundenakquisition nicht so mühsam wäre und der »Leerlauf« zwischen den Aufträgen die erwirtschafteten Gewinne nicht immer wieder zunichte machte?

Marketing kostet Geld – und soll welches bringen

Die Übereinstimmung darüber, daß Marketing eine Art Wettbewerbsveranstaltung ist, ist so groß, daß sich die meisten daran halten. Obwohl es rein statistisch nicht besonders erfolgreich ist. Was kann dagegen mit Sicherheit über erfolgreiches Marketing gesagt werden? Hier sind ein paar Beobachtungen, die Sie sicher auch schon gemacht haben:

a) Marketing kostet Geld. Es kostet nicht etwa nichts und auch nicht einen vernachlässigbaren Betrag, den man »irgendwo« abzweigt oder nur dann aufbringt, wenn man »etwas übrig hat«.
b) Die Kosten für das Marketing kann der Unternehmer nur zum geringen Teil durch Eigenleistung mindern – Dinge wie Papier, Drucksachen, Porto und Telefon kosten einfach Geld.
c) Die Marketingaktivitäten dürfen niemals so viel Zeit

oder Manpower verbrauchen, daß das Produkt nicht mehr in ausreichender Qualität hergestellt und geliefert werden kann.

Ganz offensichtlich geht es hier – trotz häufig geäußerter anderslautender Meinungen – nicht um olympische Disziplinen wie Goodwill (Wohltätigkeitsvereine), Talent (Kulturstiftung), Ehre (Sportclub), Originalität oder Schlagfertigkeit (zahlt einem niemand), es geht nicht um Applaus (hält man nicht lange genug aus ohne Essen), nicht um Anerkennung oder Akzeptanz (dito), es geht noch nicht einmal um die vielbeschworene »Response«. (»Response« muß man bearbeiten, da hat man noch nichts verdient. Und von Antworten allein wird man nicht satt, es müssen auch Geldscheine dabeiliegen.) Es geht wahrscheinlich – so leid es mir tut – vorrangig um den langfristigen wirtschaftlichen Gesamterfolg.

Ich lege keinen Wert darauf, den Kapitalisten zu spielen. Aber sehen Sie: Wir reden von Marketing, Werbung, Verkaufsförderung. Disziplinen, die Sie genausogut auch weglassen können, wenn Sie lieber in der Sonne liegen wollen. Wir müssen das ja nicht machen. Aber wenn wir schon Zeit und Geld dafür investieren, dann möchten wir doch auch etwas zurückbekommen – vorzugsweise mehr, als wir eingesetzt haben. Daher sollten wir uns auf diese Meßlatte einigen: Gradmesser für das Funktionieren des Marketing ist der langfristige wirtschaftliche Gesamterfolg.

Der GAU des Marketingmannes

Und nun schauen wir uns die Wettbewerbssituationen, aus denen unser Leben angeblich ausschließlich besteht, noch einmal mit den Augen eines Marketingmenschen an:

Genau die Bedingungen, die einen Wettbewerb so interessant, attraktiv und spannend machen, …

1. Viele sind angetreten, aber nur wenige oder nur einer wird gewinnen.
2. Beim Wettbewerb kommt es hauptsächlich auf Spitzenleistungen an.
3. Auch wenn der Preis für den Sieger attraktiv erscheint – der geforderte Gesamteinsatz ist immer viel höher, als der Preis wert ist.

… sind für erfolgreiches Marketing *immer* die *maximal ungünstigen* Konditionen:

Was die obigen drei Punkte betrifft, so ist für einen Marketingmann bei allen drei Punkten das genaue Gegenteil interessant, nämlich

1. **Hohe Wahrscheinlichkeit und Vorhersagbarkeit des Erfolgs.** (Ist bei vielen Kandidaten, von denen nur wenige oder einer gewinnen kann, schwerlich gegeben.)
2. **Langfristiger, kontinuierlicher wirtschaftlicher Erfolg.** (Keine langfristige Erfolgsstrategie läßt sich ausschließlich auf Spitzenleistungen aufbauen, die nur unter optimalen Bedingungen zu erzielen sind.)
3. **Höchstmöglicher Gewinn bei geringstmöglichem Einsatz und kalkulierbarem Risiko.** (Das ist das genaue Gegenteil vom obigen Punkt 3.)

Können Sie sich nun vorstellen, daß jede Wettbewerbssituation für den Marketingmann eigentlich eine Art GAU darstellt (größter anzunehmender Unfall)? Eine Katastrophe, das letzte, in das er hineingeraten möchte? Und gleichzeitig genießt der Wettbewerb der Produkte als Marketinggrundlage doch so breite Übereinstimmung! Nun, es ist eben eine K.-o.-Formel. Je mehr Sie sie anwenden, um Ihr Marketing in die Gänge zu bringen, desto leichter können Sie k. o. gehen.

Fazit

1. Die Beurteilung einer Wettbewerbssituation nach Marketinggesichtspunkten zeigt, daß wir bei jedem solchen Wettbewerb unter maximal ungünstigen Bedingungen operieren!
2. Ein Wettbewerb ist – statistisch gesehen – niemals ein Gewinnspiel, sondern immer ein Verlierspiel, welches grundsätzlich mehr Verlierer als Gewinner hervorbringt.
3. Damit wird eine typische Wettbewerbssituation für das Marketing aber völlig uninteressant, denn Marketing ist nur an vorhersagbarem wirtschaftlichem Erfolg interessiert. Und der Gewinn muß größer sein als der Einsatz.

Viele echte Wettbewerbe (mit wackelköpfigen Jurys und Preisen, von denen man sich noch nicht einmal eine vernünftige Berufsausrüstung kaufen könnte) lenken tatsächlich die Aufmerksamkeit der Kandidaten auf Kriterien, die für den wirtschaftlichen Erfolg vollkommen unerheblich sind. Ein klassischer Sänger hat mir berichtet, daß bei den Gesangswettbewerben, bei denen eine solche Jury die Preise vergibt, auch immer eine Publikumswertung und das Urteil eines Plattenproduzenten eingeholt werden. Es ist sehr lustig, die Gesichter der Jury zu beobachten, wenn mit schöner Regelmäßigkeit das Urteil der Juroren überhaupt nicht mit dem des Publikums oder des Produzenten übereinstimmt. Wen wundert das auch? Juroren sind zu 90% Kritiker und Professoren, die ihre eigene künstlerische Karriere nicht weit genug gebracht haben. Warum sollten sie es anderen gönnen?

Sie können sich vorstellen, daß ich zu der Zeit, als ich zum ersten Mal auf diese Zusammenhänge stieß, ziemlich verstimmt war. Als Komponist, als Künstler, glaubt man an die Allmacht des Wettbewerbs. Die ganze Ausbildung ist darauf aufgebaut. Lange Jahre in der Schule sind wir daran gewöhnt worden, daß wir eine Leistung erbringen, deren Wert dann von irgendeiner Autoritätsperson *beurteilt* wird. Es ist unerheblich, ob jemand kauft oder brauchen kann, was wir gemacht haben, das Urteil einer Autorität muß gut sein. Der Lehrer klopft uns auf die Schulter, sagt wohlwollend: »Gut gemacht«, gibt uns eine Zwei plus, und wir bekommen zu Hause ein neues Fahrrad.

Und dieses praktische System soll jetzt nicht mehr funktionieren? Ich verstehe Sie vollkommen, wenn Sie sich an dieser Stelle fragen: Wenn Marketing kein Wettbewerb ist, was ist es dann? Und genau diese Frage werde ich Ihnen im nächsten Kapitel beantworten.

2. Kapitel

Marketing, eine brauchbare Definition

»In der Wirtschaft zählen allein Goldmedaillen. Wer nur Silber oder Bronze holt, verliert den Auftrag.«

Wolf Aengeneyndt, deutscher Fabrikant

Marketing ist keine olympische Disziplin. Das einleitende Zitat faßt es noch einmal zusammen. Sie können sich das eigentlich leicht vorstellen, denn Sie brauchen sich nur daran zu erinnern, daß Sie bestimmt wenig Freude empfunden haben über einen Auftrag, den Sie *beinahe* bekommen hätten. Eine Silbermedaille sozusagen, ein »Sieg nach Punkten«. Und der amerikanische General Omar N. Bradley meldet, noch etwas kürzer angebunden: *»Im Krieg wird kein zweiter Preis vergeben.«*

Was passiert, wenn der Werber verkauft und der Verkäufer wirbt

Wie können wir Marketing auf eine brauchbare Weise definieren? Lassen Sie mich mit einer Differenzierung der Begriffe »Werbung« und »Verkauf« beginnen. Beide sind wichtige Bestandteile einer Marketingstrategie:

Werbung befaßt sich nicht mit den individuellen Belangen einer einzelnen Zielperson. (Eine Zielperson ist eine Person, die ein potentieller Kunde ist oder sein könnte.)

Die individuellen Belange einer einzelnen Zielperson sind Sache des Verkaufs.

Werbung befaßt sich mit einer Zielpersonensorte. Und nur die Gemeinsamkeiten von Zielpersonen einer Sorte sind für die Werbung von Bedeutung.

Stellen Sie sich das bitte bildlich vor: Nehmen wir an, Sie haben ein Ladengeschäft. Der Verkauf steht im Laden und verkauft. Er verkauft logischerweise nur an Einzelpersonen, und sinnvollerweise nur an solche, die bereits im Laden stehen. Er verkauft weder an eine Personensorte (Zielgruppe) – das wäre schwer vorstellbar – noch an solche, die gar nicht im Laden stehen – das erscheint ineffizient.

Die Werbung dagegen verkauft gar nicht, sondern treibt viele Leute in den Laden. Das ist etwas ganz anderes! Dabei befaßt sich die Werbung (siehe oben) niemals mit den individuellen Belangen einer einzelnen Zielperson.

Obwohl wahrscheinlich die wenigsten Leute zugeben würden, daß sie Werbung und Verkauf nicht unterscheiden können, ist es doch häufig zu beobachten, wie diese beiden Bereiche in höchst verwirrender Weise durcheinandergebracht wurden. Die Folgen sind sehr kostenintensiv (in Deutschland heißen diese Kosten gar »Unkosten«, und das mit Recht).

Die größte Schwierigkeit der Konsumgüterwerbung

Im Bereich des Konsumgüterhandels können wir schon seit langem eine Tendenz zur Rationalisierung des Verkaufspersonals feststellen. Irgendeine von diesen führenden Unternehmensberatungen ist auf die Idee gekommen, daß diese Leute eigentlich überflüssig sind, und alle anderen haben es nachgemacht. Die Wegrationalisierung der Verkäufer hat dazu geführt, daß nunmehr alle Probleme mit Werbung »gelöst« werden. Wenn Sie schon einmal versucht haben, in einem Heimwerkermarkt oder einem dieser SB-Discounter etwas »verkauft« zu bekommen – oder auch nur wissen möchten, ob dieser oder jener Artikel in einer bestimmten Ausführung noch vorrätig ist (»Kann ich das auch in Grün haben?«), dann werden Sie wissen, was ich meine. »Da kann ich Ihnen leider nicht weiterhelfen, versuchen Sie es doch mal am Informationsschalter dort drüben!« (zeigt in Richtung einer verwaisten Theke mit dem Schild »Beratung« darüber). Im Supermarkt wird nicht die geringste Verkaufsanstrengung unternommen, die über das roboterhafte »Sonst noch etwas, bitte?« an der Wursttheke hinausgeht. Null Verkauf. Und die Werbung? Jeden Morgen trägt der Hausmeister den ganzen Stapel mit Großmarktprospekten, die von den fleißigen Verteilerfirmen im Hausflur deponiert worden waren, ordnungsliebend und umweltbewußt zum Altpapiercontainer. »Schweinebauch-Anzeigen«, sagen die Werbeleute etwas abfällig über die wenig geliebten Aufträge im Handelsmarketing. Was ist hier los?

Nun, die Werbeleute wurden in zunehmendem Maße dazu vergattert, die Arbeit des nicht vorhandenen Verkaufs mit zu erledigen. Aber wie geht das? Während sie versuchen, die Zielpersonensorte (ohne auf eine einzelne Zielperson einzugehen) in den Laden zu treiben, sollen sie gleichzeitig jedem von diesen Leuten etwas verkaufen. Denn wenn der Konsument im Laden nicht alles freiwillig von sich aus macht, also die Ware sucht, findet, sie nimmt und zur Kasse trägt, dann kommt kein Verkauf zustande. Die Instrumente der Werbung sind dafür aber nicht sehr geeignet. Man soll eine ganze Menge Leute in den Laden hineinschaufeln, aber gleichzeitig jeden einzelnen genau anschauen und ihm individuell etwas verkaufen. Die Anstrengungen der Supermärkte und Kaufhäuser sind vergleichbar mit dem Versuch, einen großen Schaufelbagger, den man einsetzt, um das Erdreich kubikmeterweise zu verfrachten, auch für das Aufheben der heruntergefallenen Kontaktlinse zu verwenden. Unpraktikabel.

Warum Business-to-Business-Kommunikation mühsam ist

Die Untersuchung der Kundenakquisition von Unternehmen zu Unternehmen, der sogenannten Business-to-Business-Werbung, ergibt ein ganz anderes Bild:

Aufgrund des wachsenden Mißtrauens in die Erfolgsaussichten von Werbung geht man immer mehr dazu über, alle Probleme mit Verkauf »gelöst« zu bekommen. Es gibt Verkaufsförderung, Point-of-Sale-Maßnahmen, After-Sales-Marketing. Und natürlich die immer mehr ausufernden Verkaufstechniken und entsprechenden Schulungen. Verkauf! Unendlicher Verkauf, null Werbung. Wie sieht das aus? Oftmals gibt es keinen Laden, aber dennoch müssen die potentiellen Kunden »geistig« in den »Laden« gebracht werden, also einen Zustand, in dem ihr Interesse geweckt ist, eventuell etwas zu kaufen. Doch die Werbung selbst hat hier nicht mehr viel auszurichten, sie hat längst die Funktion eines reinen »Imageträgers« übernommen, der nicht selten nur für die Selbstbestätigung der Unternehmensleitung entwickelt wird.

Was passiert, in unserem Beispiel mit dem Ladengeschäft, wenn nur noch verkauft wird, aber niemand mehr Leute in den Laden treibt? Dann ist der Verkäufer wohl oder übel gezwungen, immer wieder aus seinem Laden herauszurennen, durch die ganze Stadt zu sausen, um irgend jemanden am Krawattl zu packen und in seinen Laden zu ziehen, damit er ihm dann etwas verkaufen kann. Das ist, wie schon weiter oben angedeutet, natürlich nicht besonders effizient. Allen voran in dieser Wahnsinnsdisziplin: die Finanzdienstleister. Das Ergebnis: Telefonmarketing. »Möchten Sie Steuern sparen?«

Wie ineffektiv ist das? Die Verkaufsleute müssen hier die ganze Arbeit der nicht funktionierenden Werbung mit erledigen. Sie sollen eigentlich verkaufen, aber damit sie überhaupt jemanden im Laden haben, an den sie verkaufen können, müssen sie erst mal rauslaufen und irgendeinen, der wenigstens so aussieht, als könnte er vielleicht ein Kunde sein, in den Laden hineinzerren. Das ist sehr mühsam, und alle Verkäufer stimmen darin überein, daß nicht viele Leute sich so einfach in einen Laden hineinzerren lassen. Es ist somit auch noch frustrierend. Die Situation ähnelt sehr einer Aufgabe, welche früher den Soldaten als schikanöse Strafarbeit aufgebrummt wurde: das Treppenhaus mit der Zahnbürste zu putzen.

Können Sie sich vorstellen, daß die ganze Arbeit eigentlich in beiden Bereichen gar nicht so schwer wäre, wenn einfach jeder nur seinen Job machen würde? Der Verkauf steht im Laden und verkauft. An Leute, die im Laden stehen, natürlich. Die Werbung treibt unablässig neue Leute in den

Laden. Das erscheint primitiv, ist aber in der Praxis sehr wirksam.

Verkauf für »Nichtverkäufer«

Sie mögen anführen, daß Sie nicht zu den »Superverkäufern« gehören. Glauben Sie mir, auch ich bin nicht einer von den 0,03% begnadeten Verkaufskanonen, die einem in jedem Verkaufsmotivationsseminar als Beispiel hingehängt werden. Ich kann nicht von mir behaupten, daß ich der großartige Verkäufer bin. Doch bin ich vollkommen überzeugt, daß mein und auch Ihr Verkaufstalent mehr als ausreichend wäre, wenn wir aufhören würden, ständig an Leute zu verkaufen, die gar nicht in unserem Laden stehen. Verwenden Sie richtige Werbung, und bringen Sie mengenweise Leute in Ihren Laden. Um das zu erreichen, müssen Sie nichts verkaufen. Und diejenigen, welche dann freiwillig drin bleiben (und ohnehin gar keinen richtigen Verkauf mehr gewohnt sind), die brauchen Sie bloß nicht zu sehr beim Kaufen zu behindern – sie kaufen fast von selbst! Doch davon mehr in einem späteren Kapitel.

Der Krieg im Kopf des potentiellen Kunden

Hier ist sie nun, eine brauchbare Definition von Marketing. Ich erinnere den Leser vorsorglich an die salvatorische Klausel Nr. 1 – es handelt sich nicht um einen dogmatischen Lehrsatz oder gar eine »Philosophie«, sondern nur um eine Sichtweise, die sich, bezogen auf die erzielbaren Ergebnisse, als brauchbar erwiesen hat:

Marketing ist ein Krieg. Dieser findet in den Köpfen der

Zielpersonen statt und wird mit geistigen Waffen bestritten. Gekämpft wird um die Aufmerksamkeitseinheiten in den Köpfen dieser Zielpersonen. Eine funktionierende Marketingstrategie hat demnach ihre exakten Parallelen in den Gesetzen erfolgreicher Kriegführung.

Damit wir uns richtig verstehen – es ist kein herkömmlicher, blutiger Krieg gemeint. Der Krieg findet tatsächlich *im Kopf des Kunden* statt. Es ist eine geistige Auseinandersetzung. Mit geistigen Waffen. Aber von den Regeln der Kriegskunst können wir ein paar nützliche Dinge lernen. Beim Krieg gibt es nämlich kein »Dabeisein ist alles«, so wie beim Sport oder beim Wettbewerb. Beim Krieg gibt es nur Gewinnen. Und schließlich wollen wir ja gewinnen.

Ich bin auch nicht selbst auf diese Idee gekommen. Ich bin darauf gestoßen durch die Bücher von zwei amerikanischen Marketingleuten, Al Ries und Jack Trout (im Anhang beschrieben). Die beiden sind der Meinung, daß der pensionierte General Karl von Clausewitz mit seinem Standardwerk »Vom Kriege« auch ein hervorragendes Buch über Marketing geschrieben hat. Sie haben sich die Mühe gemacht, die klassischen Regeln der Kriegführung auf das Gebiet des Marketing anzuwenden. Denn da gibt es wirklich auffällige Parallelen: Es geht um den Sieg. Wir wollen die Aufmerksamkeit, das Interesse und den Wunsch des Kunden für uns gewinnen. Es gibt Munition, einen Einsatz, der Geld kostet, nämlich Werbung und Akquisition. Unser Budget verballern wir, um unsere Ideen in die Köpfe unserer Zielpersonen hineinzubringen und unseren Platz im Hirn des Kunden zu erobern und ihn dann zu verteidigen. Und es gibt im Kopf des potentiellen Kunden jede Menge andere Ideen, die mit unseren Ideen konkurrieren können.

Ein guter Feldherr wird sich immer bemühen, das Leben seiner Soldaten nicht sinnlos zu verheizen. Ist es nicht dasselbe, was wir uns für unsere Werbegelder wünschen, daß wir sie nämlich nicht sinnlos verheizen? Warum sollen wir also nicht bei den Kriegsstrategen abschauen und die gewinnenden Strategien im Kopf unserer potentiellen Kunden anwenden?

Für alle, die vor lauter Friedensliebe nicht mehr richtig lesen können und alles, in dem das Wort »Krieg« nur vorkommt, am liebsten gleich verbrennen würden, sage ich es noch einmal ganz deutlich: Ich bin *kein* Befürworter des Krieges. Ich bin der Meinung, daß alle Möglichkeiten ausgeschöpft werden sollten, um Konflikte gewaltlos beizulegen.

Marketing ist jedoch eine Disziplin, in der man sich durchsetzen muß, oder man wird bald nicht mehr auf dem Markt sein. Deshalb habe ich – mit Hilfe der beiden Marketingleute Al Ries und Jack Trout – nur ein paar Nachhilfestunden in strategischer Planung beim alten Clausewitz genommen.

Warum eine Schlacht verloren wird

Beginnen wir mit einer zugegebenermaßen etwas bitteren Pille: Ein wichtiger, weil übergeordneter Aspekt in der Kriegführung ist *der Grundsatz der Stärke:*

Bei einem Zusammenstoß zwischen einem größeren und einem kleineren Körper (etwa einem 30-Tonnen-Lkw und einem Kleinwagen) trägt der größere weniger Schaden davon als der kleinere. Das ist ein elementares Gesetz der Physik.

Die Geschichte lehrt uns diese schmerzliche und schwerverdauliche Lektion: Ganz im Gegensatz zu den Räuber-und-Gendarm-Spielen aus den Märchenwäldern von Hollywood wird nämlich ein echter militärischer Sieg fast immer durch die zahlenmäßig überlegene Armee errungen. Durch die *zahlenmäßig* überlegene Armee! Die Idee, daß man mit erhöhter Tapferkeit, risikoreichem Vorgehen oder der intelligenteren Strategie gegen eine zahlenmäßige Übermacht gewinnen kann, ist zwar ein wesentlicher Bestandteil von Hollywoodfilmen, hat sich aber bislang in der Geschichte nur so selten bewahrheitet, daß die Chance für den erfahrenen Strategen viel zu gering ist, als daß er sich darauf verlassen würde (von Clausewitz hatte sämtliche Schlachten der Geschichte untersucht und nur zwei gefunden, in denen eine Armee einen mehr als doppelt so starken Feind besiegte).

Der wichtige Punkt, der meistens übersehen wird, ist folgender: Es handelt sich um einen *übergeordneten* Aspekt. Wenn von der Wichtigkeit her übergeordnete Dinge außer acht gelassen werden, nützt es Ihnen nichts, Teilbereiche untergeordneter Art perfekt auf der Reihe zu haben. Beim Grundsatz der Stärke dürfen Sie niemals dem Glauben verfallen, daß diese physikalischen Grundgesetze unter bestimmten Umständen nicht gelten oder außer Kraft gesetzt werden können. Das ist nicht der Fall!

Nehmen wir ein alltägliches Beispiel: Sie sind so ein Hollywood-Filmproduzent und möchten einen Sonnenaufgang filmen. Untergeordnet (wenn auch von vielen für sehr wichtig gehalten): daß Sie das neueste und beste technische Equipment zur Verfügung haben. Übergeordnet: daß Sie rechtzeitig am Drehort erscheinen und *irgendein* Equipment fertig aufgebaut haben, *bevor* die Sonne damit anfängt aufzugehen.

Wie wichtig ist die eigene Stärke?

Wie übergeordnet der Grundsatz der Stärke den Ausgang Ihres Marketingfeldzugs bestimmen wird, zeigt Ihnen mit drastischer Deutlichkeit das nun folgende »Einmaleins des Feuergefechts«.

Nehmen wir an, zwei Armeen stehen einander gegenüber. Schwarz hat neun Soldaten, Weiß hat sechs. Schwarz ist im Verhältnis 3:2 überlegen. Das funktioniert natürlich auf gleiche Weise bei 90 000 Soldaten gegenüber 60 000 usw. Es wäre unsinnig, anzunehmen, daß die eine Armee nur aus Scharfschützen bestehe und die andere nur aus Angsthasen, die immer in die Luft schießen. Wir müssen von einer durchschnittlichen Trefferquote ausgehen, um eine realistische Berechnung anstellen zu können. Deshalb nehmen wir an: jeder dritte Schuß führt zu einem Verlust beim Gegner.

Man könnte meinen, daß die sechs Weißen, die doch viel motivierter aussehen, die neun Schwarzen mit etwas gesteigerter Tapferkeit durchaus in die Flucht schlagen könnten.

Doch schon nach der ersten Salve ergibt sich das folgende Bild:

Die Motivation der Weißen hat sichtbar nachgelassen. Schwarz hat noch sieben Soldaten, Weiß hat nur noch drei. Jetzt beträgt die Überlegenheit von Schwarz schon über 100%. Hätte die Ausgangssituation so ausgesehen, wäre es sehr fraglich gewesen, ob der weiße Kommandeur sich überhaupt auf einen Angriff eingelassen hätte.

Nun wird die nächste Salve abgefeuert. Jeder dritte Schuß ist wieder ein Treffer:

Jetzt hat Weiß nur noch einen einzigen Schützen, dessen Laune den Umständen entsprechend ziemlich am Boden ist, Schwarz hat noch sechs. Jeder dritte Schuß ein Treffer: Noch eine Salve, und Weiß ist ausgeschaltet.

Das ist bitter. Die zahlenmäßig überlegene schwarze Seite hat dabei nur halb so viele Soldaten verloren (nämlich drei) wie die zahlenmäßig unterlegene weiße! Schwarz hat noch zwei Drittel seiner Soldaten übrig, um jetzt im Land von Weiß einzumarschieren – Weiß hat keine Gegenwehr mehr.

Wenn Sie die Soldaten nun durch Werbemark ersetzen und dabei annehmen, daß Ihre Werbemark nicht wesentlich mehr pro Mark ausrichten werden als die Ihrer Mitbewerber, dann bedeutet dies: Sie haben Ihr gesamtes Budget verballert und keinen einzigen Kunden dazugewonnen, Ihr Konkurrent hat noch zwei Drittel seines Budgets übrig, um nun bei Ihren Stammkunden »wildern« zu gehen. Es gilt, frei nach Napoleon Bonaparte: Gott ist auf der Seite des größeren Verkaufsaußendienstes.

Doch ich habe etwas weiter oben von einem geistigen Krieg gesprochen, mit geistigen Waffen.

Marketing findet im Kopf des Kunden statt

Die Entsprechung zum Grundsatz der Stärke läßt sich für das Marketing so formulieren: Jedesmal, wenn wir im Kopf einer Zielperson um deren Aufmerksamkeitseinheiten kämpfen, treten wir an gegen alle anderen Ideen, die sich bereits im Kopf der Zielperson befinden. Außerdem stürmen zur Zeit unseres Angriffs noch weitere Konkurrenzideen in denselben Kopf.

Wenn Sie sich nun an die Logik einer Wettbewerbssituation erinnern (viele sind angetreten, aber nur einer kann gewinnen), dann können Sie sehen: Wir begeben uns mit der herkömmlichen Methode der Auftragsbeschaffung bevorzugt – wenn nicht sogar ausschließlich – in Situationen, in denen die Konkurrenz zahlenmäßig weit überwiegt. Und damit sind – militärisch betrachtet – unsere Chancen auf einen Sieg nur sehr gering oder gar nicht vorhanden.

Woher haben wir diese selbstmörderische Strategie? Wir alle haben schon in der Schule gelernt, wie man sich für eine Stelle bewirbt. Unsere erste Lektion in Marketing. Man schaut in die Zeitung und bewirbt sich auf eine Anzeige. Da sich natürlich genau bei dem Unternehmen mit der Anzeige in genau der Woche nach dem Erscheinen der Anzeige alle anderen auch bewerben, die diese Stelle haben wollen, finden wir mit dieser Methode immer nur ein Maximum an Konkurrenz vor.

Trüffelschwein-Marketing

Künstler, Freiberufler, aber auch Unternehmen handeln treu nach dem alten Irrtum, wonach man sich dort bewirbt, wo es einen Hinweis gibt, daß ein Auftrag zu erhalten sei. »Trüffelschwein-Marketing« sollte man das eigentlich nennen.

Das Ergebnis ist immer dasselbe. Sänger, Tänzer und Schauspieler gehen zu Auditions (Vorführen seiner Kunstfertigkeit vor einem Gremium, das über die Vergabe von Rollen, Jobs, Preisen etc. entscheidet). Und was passiert da? Wer das Musical »Chorus Line« kennt, weiß es. Hunderte von Bewerbern. Maximale Konkurrenz. Endlose Ausleseprozesse. Ganz wenige oder nur ein einziger können die Rolle und damit Arbeit bekommen. Alle anderen haben nicht nur keinen Job, sondern mal wieder umsonst präsentiert und möglicherweise sogar Investitionen für diese Präsentation in den Sand gesetzt.

Nach dem Grundsatz der Stärke sind unsere Chancen in einer Wettbewerbssituation minimal. Zu viele andere Ideen tummeln sich im Kopf des umworbenen Kunden, als daß die Wahrscheinlichkeit, sich durchzusetzen, wirklich nennenswert wäre. Es sei denn, Sie haben ein Monopol in Ihrem Gebiet. Nun, ich glaube nicht, daß Sie dann dieses Buch lesen werden. Für alle, die angesichts der zahlenmäßigen Übermacht der Konkurrenz keine Aussichten mehr auf einen Sieg haben, stellt sich logischerweise die folgende Frage: Wie führe ich einen Krieg mit einer zahlenmäßig unterlegenen Armee?

Die Stärke des Schwächeren

Hier hilft uns der auch nicht gerade kriegsunerfahrene Napoleon aus der Klemme, denn bei ihm heißt es:

»Die Kunst, einen Krieg mit einer zahlenmäßig schwächeren Armee zu führen, besteht darin, an dem Punkt, der angegriffen oder verteidigt werden soll, mehr Soldaten zur Verfügung zu haben als der Feind.«

Womit wir dem Grundsatz der Stärke wieder Genüge getan hätten. Die Gesetze der Physik können wir nicht einfach ändern. Eine zahlenmäßige Überlegenheit muß gegeben sein, wenn auch nicht immer absolut. Es genügt eine *relative* Überlegenheit, damit dem Grundsatz der Stärke Rechnung getragen wird. An dem Punkt, der angegriffen oder verteidigt werden soll, müssen wir zahlenmäßig überlegen sein.

Die nächste Frage lautet: In welchem Winkel der Gehirnwindungen des potentiellen Kunden können wir eine zahlenmäßige Überlegenheit herstellen? Die Welt ist so zugeschüttet mit Werbung, daß ein kleiner Unternehmer oder gar Einzelkämpfer mit seinem geringen Budget gar keine Chance zu haben scheint. Das stimmt. Selbst große Firmen tun sich da schwer. Eine logische Annäherung ist die: Am sichersten wäre es, eine Stelle zu finden, wo sich gar niemand aufhält. Dann wäre man selbst als einzelner zahlenmäßig überlegen. Das klingt genial, ist aber etwas spitzfindig. Wie sieht das in der Praxis aus?

Warum Werbung nach Großvaters Art heute brauchbar ist

Um diese Frage zu beantworten, will ich Ihnen etwas über die Methode erzählen, die mit dem günstigsten Preis-Leistungs-Verhältnis Ihre Idee zielsicher in die Köpfe einer Zielpersonensorte bringen und dort eine zahlenmäßige Überlegenheit herstellen kann. Die Rede ist von einem langjährig übereingestimmten Instrument der geschäftlichen Kommunikation: *dem Brief*. Selbstverständlich riskiere ich an dieser Stelle schallendes Gelächter aus der Fraktion fortschrittlicher, prä-/postmoderner Vertreter der zeitgeistdurchdrungenen Werbebranche. »Junger Mann, lesen Sie denn gar keine

Zeitung? In einer Zeit, wo man alles schon an der Tankstelle oder *online* bekommen kann«, wird man mir mitleidig lächelnd entgegenhalten, »da wollen Sie uns empfehlen, so richtig Briefe zu schreiben? Das ist wirklich ein guter Witz …« Nun, ich akzeptiere die Kritik und riskiere, als altmodisch abgestempelt zu werden. Ich sprach vom Preis-Leistungs-Verhältnis. Lassen Sie mich das etwas ausführen.

Drei Kriterien wollen wir anlegen für ein Werbemedium, durch das unsere Botschaft zu unserer Zielperson gelangt: Produktionshürden, Datenendgerätelösung und Übertragungsqualität. Wie ist ein Brief hier zu bewerten? Die Produktionshürden sind sehr niedrig. Jeder, der lesen und schreiben kann, kann auch einen Brief schreiben. Papier ist nicht mehr so unerschwinglich wie zu Zeiten des Alten Testaments, als die Papyrusrollen noch zu Preisen gehandelt wurden, daß Moses allein beim Gedanken an die Kosten beschloß, die Dauer der Schöpfung auf sieben Tage zusammenzustreichen. Über die Datenendgeräte, die beim potentiellen Kunden für den einwandfreien Empfang unserer Botschaft erforderlich sind, müssen wir uns überhaupt keine Gedanken machen – zum Brieflesen braucht man weder einen Pentium mit CD-ROM-Laufwerk und R2D2-Schnittstelle noch einen Internetanschluß an das zentrale Nervensystem. Eine Lesebrille haben alle, die eine brauchen, und die Augen selbst sind bei den allermeisten Menschen serienmäßig eingebaut.

Die Übertragungsqualität eines Briefes kann nur als hervorragend betrachtet werden. Bei aller Kritik an der von Internetbenutzern als »Snail-Mail« verunglimpften Post hat diese zumindest ihre alte Gewohnheit beibehalten, diese Briefe ungeöffnet und vollkommen unzensiert, also so wie sie sind, an ihre Adressaten weiterzuleiten. Das entspricht einer Wiedergabetreue von 1:1! Und noch eine Kleinigkeit zum Thema Übertragungsqualität: Ein Brief hat eine solch breite Übereinstimmung in dieser Gesellschaft, daß es damit ohne weiteres gelingt, sowohl eingebildete als auch tatsächliche Standesschranken problemlos zu überwinden. Im Klartext: Sie können ebenso Ihrer Oma wie auch dem Bundeskanzler einen Brief schreiben, oder dem Papst. Es ist nichts verkehrt damit, Sie haben nichts falsch gemacht, man kann Sie dafür nicht ins Unrecht setzen. Und der Brief wird – wie jeder andere auch – selbstverständlich zugestellt.

Da liegt er nun, der Brief, auf dem Tisch der Zielperson. O ja, Sie denken an die Sekretärin, die manche Briefe vorher aussortiert – machen Sie sich keine Sorgen. Diese Generation von Sekretärinnen ist fast ausgestorben. Eine Sekretärin, die einen Brief in der Hand hält, hat zwei Möglichkeiten: sie kann ihn weitergeben, oder sie kann ihn wegwerfen. Für die Sekretärin ist das Ergebnis in jedem Fall dasselbe – sie ist ihn los. Beim Weitergeben hat sie allerdings auch die Verantwortung mit weitergegeben. Das ist viel sicherer, denn beim Wegwerfen hat sie die Verantwortung bei sich behalten. Einen Brief wegzuwerfen, für dessen Verlust sie möglicherweise verantwortlich gemacht werden könnte, wird sie nicht mehr als einmal riskieren. Ich werde später noch ausführlicher auf diesen Punkt eingehen.

Sehen wir uns nun den Briefempfänger an, wenn er den Brief bekommt. Da haben Sie selbst eine Menge Erfahrung – Sie haben schon viele Briefe bekommen. Stellen Sie sich also vor, Sie erhalten einen solchen Brief: einen neutralen Umschlag, der Ihre Adresse, einen Absender, den Sie nicht kennen, und den Freimachungsvermerk enthält. Kein Hinweis auf den Inhalt. Was würden Sie mit einem solchen Umschlag machen? Ich bin sicher, Sie würden ihn aufmachen. Natürlich würden Sie ihn aufmachen. Sie wollen nun sehen, was drinnen ist (es könnte ja auch ein Scheck drin sein).

In meinem Seminar gab es immer wieder Leute, die dennoch behaupteten, sie würden Briefe, die durch den Freistempel statt Briefmarke als »Massensendung« erkennbar wären, gar nicht erst aufmachen. Meine Gegenfrage an diese Person war dann jedesmal: »Warum sind Sie dann hier?« Ich hatte meine Seminareinladungen nämlich auch als freigestempelte Massendrucksache versandt (Deutsche-Post-Jargon: Infopost). Das löste das Problem 1:0 für mich und in der Teilnehmerrunde einige Heiterkeit aus.

Warum ein Brief nicht geöffnet wird

Doch bleiben wir beim Thema. Selbstverständlich gibt es auch Briefe, die Sie nicht aufmachen. Das sind die, bei denen Sie schon an den vielen aufgedruckten Geldscheinen von außen sehen können, daß es sich um eine Werbung der Klassenlotterie handelt. Es ist interessant, daß auch in Ratgebern für Businessmailings immer noch empfohlen wird, den Umschlag mit irgendwelchen »interesseweckenden« Bemerkungen zu bedrucken oder gar aufwendig zu gestalten. Es ist nur logisch, daß man den Grafikdesignern so etwas beibringt, denn die leben ja davon. Aber was soll das? Sie haben gerade selbst bei dem kleinen Gedankenexperiment festgestellt, daß ein neutraler Umschlag ohne jeden Hinweis auf den Inhalt die sicherste Garantie ist, daß der Umschlag geöffnet wird. Dabei geht es gar nicht um Neugier. Der Empfänger ist einfach gezwungen, den Umschlag zu öffnen, denn sonst kann er die Zusendung nicht beurteilen. Und Sie, der Absender, haben die Kosten für den Vierfarbdruck gespart.

Warum Ihr Brief gelesen wird

Und jetzt haben wir eine ganz andere Situation: Es ist nicht die Werbebotschaft, die jemandem zwangsweise übergestülpt wird, sondern der Empfänger selbst richtet jetzt freiwillig seine Aufmerksamkeit auf den Inhalt des Umschlags, um mehr darüber herauszufinden. Betrachtet man genau diesen Augenblick einmal unter militärischen Gesichtspunkten, so haben wir hier eine Situation, bei der die Sterne für den Absender äußerst günstig stehen.

Man kann sich das so vorstellen: Der Feind tritt aus der Deckung und präsentiert sich schutzlos dem Angreifer, dem er zuruft: »Hier bin ich – jetzt zeig mal, ob deine Kugeln auch treffen!« Für diesen Augenblick, in dem der Empfänger wissen will, was in dem Brief steht, den er gerade vor sich hat, ist der Absender – da ohne Konkurrenz – ganz allein mit dem Empfänger und somit zahlenmäßig überlegen. Möglicherweise währt diese Überlegenheit nicht sehr viel länger. Es kommt jetzt tatsächlich darauf an, daß die Kugeln auch treffen.

Nun, ich muß auch jetzt noch damit rechnen, daß der zweifelnde Ausdruck nicht aus den Gesichtern der technisch hochgerüsteten Kommunikationsspezialisten gewichen ist. Wenn das so einfach wäre – dann würde das ja jeder machen usw. Ich gebe zu, daß die Empfehlung, Briefe zu schreiben, eine Menge Skepsis auslösen kann, denn es gibt einige gewichtige Argumente, die gegen das Briefeschreiben sprechen. Zwei davon möchte ich hier besprechen.

Telefonmarketing für alle, die kein Telefonmarketing mögen

Erstens: das Telefon! »Das Telefon ist das wichtigste Kommunikationsinstrument unserer Zeit«, heißt es im modernen Lehrgang über Telefonmarketing. »Am Telefon habe ich eine viel bessere Kontrolle über den Verlauf der Kommunikation, kann Einwände behandeln und gleich eine Vereinbarung treffen.«

Sehen Sie, wie wichtig die Unterscheidung zwischen Werbung an eine Zielpersonensorte und Verkauf an individuelle Zielpersonen hier wird? Wenn Sie Werbung machen müssen per Telefon, wenden Sie sich an eine Zielpersonensorte, indem Sie jede einzelne Person separat kontaktieren müssen. Das ist ziemlich mühsam.

Doch ich war selbst auch nicht immer so schlau wie heute, ich hielt gar nichts vom Briefeschreiben und war der festen Überzeugung, daß das Telefon das wichtigste Kommunikationsinstrument unserer Zeit sei. Und ich gedachte, das besonders intelligent zu machen. Um mir ein »zeitgemäßes« Instrument für meine Eigenakquisition aufzubauen, machte ich mich daran, alles über Telefonmarketing herauszufinden. Ich eröffnete eine Telefonmarketing-Agentur. Ich führte Hunderte von Telefongesprächen, entwarf Kommunikationsstrategien und Gesprächsleitfäden, schulte Mitarbeiter. Ich ließ mehrere Umfragen zum Thema Auftragsbeschaffung durchführen und entwickelte eine Neukunden-Akquisitionsstrategie, die auf reiner Telefonarbeit aufbaute und die für mehrere Auftraggeber erfolgreich zum Einsatz gelangte.

Nach einem Jahr wußte ich genug. Die Zahlen kann jeder nachvollziehen, der selbst einmal Telefonmarketing ausprobiert hat. Hier sind meine Erfahrungswerte zum Thema Telefonmarketing:

Erfahrungswerte zum Thema Telefonmarketing

Selbst bei größtmöglicher Systematik und einem perfekt ausgearbeiteten, schriftlichen Gesprächsleitfaden benötigt ein erfahrener und ausgebildeter Telefonist im Durchschnitt 30 Minuten für ein qualifiziertes Telefongespräch mit einer Zielperson. Mit »qualifiziertes Telefongespräch« ist gemeint, daß ein erstzunehmendes Gespräch über das tatsächliche Thema oder Anliegen des Anrufers geführt wird und nicht eine Diskussion darüber, ob der Angerufene »Interesse hat«, das Gespräch fortzusetzen oder überhaupt zu führen. Mit »Zielperson« ist der für das Anliegen des Anrufers kompetente Ansprechpartner gemeint, nicht ein Vertreter, Assistent oder eine Sekretärin, der oder die »es ausrichtet« o. ä.

Das Gespräch selbst dauert dabei durchschnittlich zehn Minuten, für das Anlegen eines brauchbaren Gesprächsprotokolls werden weitere zehn Minuten benötigt. Die restlichen zehn Minuten verbringt der Telefonist damit, eine Zielperson an die Strippe zu bekommen.

Um ein einziges qualifiziertes Telefonat zu führen, werden (bei Ferngesprächen, inklusive aller Versuche) im Durchschnitt acht Mark Gebühren verbraucht (Telekom-Tarife 1994).

Eine Person, die nichts anderes tut, als zu telefonieren, könnte somit theoretisch an einem Achtstundentag etwa sechzehn qualifizierte Gespräche mit Zielpersonen führen. Das macht natürlich in der Praxis niemand, weil nach vier Stunden seine Ohren heißlaufen.

Ein Telefonist ohne spezielle Ausbildung oder ohne schriftlichen Leitfaden schafft nicht annähernd ein solches Pensum, ist wegen häufiger Pannen schon nach kurzer Zeit demotiviert, und die Gesprächsprotokolle zeigen, daß Gespräche, die von unausgebildeten Telefonisten oder auswendig – also ohne Leitfaden – geführt wurden, von den Ergebnissen her nur wenig brauchbar sind.

Aus diesen und den übrigen Zahlen und Erfahrungswerten ergeben sich diese Schlußfolgerungen zum Thema Telefonmarketing:

Schlußfolgerungen zum Thema Telefonmarketing

Das Telefonieren ist ein äußerst sensibles, zeitintensives und außerordentlich kostspieliges Marketinginstrument, welches nur für ganz bestimmte Zwecke eingesetzt werden sollte und für alle anderen Zwecke vollkommen unbrauchbar ist. Unbrauchbar, speziell unbrauchbar im Bereich des Kaltkontakts, ist das Telefonieren für:

1. **Vorstellungen oder Bewerbungen:** Es gibt keine Möglichkeit, sich als Unbekannter am Telefon einer unbekannten Person so gut vorzustellen, daß der andere einen Eindruck gewinnt, anhand dessen er eine vernünftige Entscheidung treffen kann.
2. **Abfragen, ob für »...« Bedarf besteht:** Ergibt keine verwertbaren Antworten. Die Angerufenen sagen »nein«, nicht weil sie das Angebot zurückweisen, sondern weil sie den Anruf als solchen zurückweisen, da ein Anruf sie fast immer in irgendeiner Arbeit unterbricht. Außerdem können sie »...« auf die Schnelle gar nicht beurteilen. Oder aber die Person am anderen Ende ist schlichtweg inkompetent und bläst sich bloß auf, indem sie herablassend meldet, daß für »...« kein Bedarf bestehe. Für den Fall, daß jemand sagt, daß Bedarf besteht, ist dies zwar nett gemeint, aber immer vollkommen unverbindlich,

und die Chance ist groß, daß das gar nicht stimmt, was sich dann später herausstellt.

3. **Kaltakquise in Form von Terminvereinbarung.** Man bekommt keine Termine mit qualifizierten Kaufinteressenten, sondern hauptsächlich Termine mit Leuten, die nur »aufgeschlossen« sind oder es ganz einfach nicht schaffen, einen Termin abzulehnen – und diese komischen Termine muß man dann auch noch abhalten.
4. **Direkter Verkauf.** Obwohl Telefonverkauf in manchen Gebieten angeblich so erfolgreich sein soll, sieht das in der Praxis eher so aus, daß man dafür eine Unmenge von Anrufen und eine Heerschar von Telefonverkäufern braucht, die man in einem Schnellkurs mit Motivation vollpumpt und dann auf eine schlechtbezahlte Arbeit losläßt. Für einen Selbständigen, der eigentlich nur sein Produkt oder seine Dienstleistung an den Mann bringen will, ist das keine erfreuliche Aussicht.

Brauchbar – wenn auch immer noch zeitaufwendig und teuer – ist das Telefon im Bereich des »Kaltkontakts« für die folgenden Zwecke:

1. **Ermittlung** von Namen, Zuständigkeiten, Faxnummern oder anderen Daten, die nicht in irgendwelchen Büchern zu finden sind.

Die meisten solcher Daten stehen in irgendwelchen Büchern. Überlegen Sie sich genau, ob es wirklich nötig ist, daß Sie sie telefonisch ermitteln. Es ist einfach zu aufwendig.

2. **Kurze Absprachen über eine bestimmte Vorgehensweise** (»ich möchte Ihnen diese Unterlagen zusenden, darf ich die zu Ihren Händen schicken?«).

Absprachen beziehen sich immer auf ein »Wie«, niemals auf ein »Ob«. Sie bekommen keine verwertbaren Antworten auf »Ob«-Fragen (siehe vorige Seite).

3. **Kurze Befragungen zum Zweck der Marktforschung** (nicht länger als ein paar Minuten).

Befragungen sind ein sehr nützliches Instrument. Man findet Dinge heraus, bekommt einen Eindruck, wie die Zielpersonensorte die Dinge sieht. Arbeiten Sie hierzu Fragen aus, die der Befragte nicht mit Ja oder Nein beantworten kann. Er muß dann etwas »erzählen«. Lassen Sie ihn reden, und hören Sie ihm zu. Dann erfahren Sie das meiste. Schreiben Sie genau auf, was die Person sagt, welche Emotion dabei mitschwingt, und werten Sie das später aus.

Die Alternative zum Telefonmarketing

Trotz aller interessanten Erkenntnisse zum Thema Telefonmarketing stand mein Urteil fest: Telefonmarketing ist – speziell für die Zwecke der Neukundengewinnung – ineffizient, teuer, enorm zeitintensiv und sollte, wenn irgend möglich, durch eine bessere Methode ersetzt werden.

Doch da fiel mir ein: Die Übereinstimmung in unserer Gesellschaft, daß das Telefon die ultimative Verständigungsmaschinerie darstellt, ist so groß, daß ich das nicht einfach außer acht lassen konnte. Und so sagte ich mir: Wenn alle anderen so gerne telefonieren wollen, ich aber nicht, nun, dann sollen eben in Zukunft meine Kunden das Telefonmarketing machen. *Die* sollen herausfinden, wann ich zu erreichen bin, *sie* sollen sich überlegen, was sie mir sagen, wenn sie mich an der Strippe haben, *sie* sollen sich den ganzen Streß machen und auch die Gebühren bezahlen. Kurz gesagt, ich stellte mir die Aufgabe, eine Möglichkeit zu finden, daß *Neukunden mich anrufen und sich für das interessieren, was ich anbiete.* Wäre das nicht ein geradezu idealer Zustand?

Doch wie ist das zu bewerkstelligen? Etwa durch Briefeschreiben? Noch bevor ich weiter überlegen konnte, fiel mir ein anderes wichtiges Argument gegen das Briefeschreiben ein:

Wer beantwortet denn heute noch einen Brief? Briefe, besonders Werbebriefe, werden doch meistens gar nicht beantwortet oder landen gleich ungelesen im Papierkorb. Das war allerdings ein schlagender Einwand. Ich bin sicher, Sie können das bestätigen. Wie viele Werbebriefe haben Sie selbst unbeantwortet gelassen oder erst gar nicht gelesen! Doch ich muß Ihnen sagen, es handelt sich um einen dieser Gehirnviren, die da in irgendeiner Ecke unseres tragbaren Biocomputers herumsitzen und auf ihren Einsatz warten. Es ist wohl korrekt beobachtet, daß viele Werbebriefe nicht beantwortet oder gar nicht gelesen werden, aber ist das wichtig?

Ist es nicht vollkommen egal, wie viele Briefe Ihr potentieller Kunde wegwirft und nicht beachtet, wenn er *Ihren* liest und beantwortet?

3. Kapitel

Der Kunde, das unbekannte Wesen

»Ein Verliebter betrachtet eine Blume mit anderen Augen als ein Kamel.«

Aus Ägypten

Die Aufgabe lautet nun, dem potentiellen Kunden, der von seinem Glück noch gar nichts weiß, etwas zu schreiben, das er lesen und beantworten wird, indem er sich für mein Angebot interessiert. Das Problem, das sich jetzt unmittelbar auftut, ist dies: Woher soll ich wissen, was ich ihm schreiben soll – ich kenne ihn ja gar nicht! Im Augenblick ist er eigentlich noch gar kein einzelner Kunde, sondern eine Zielpersonensorte. Es ist die Menge der möglichen Neukunden, vergleichbar mit Leuten, die irgendwo durch die Stadt laufen. Woher soll ich wissen, was ich auf mein Ladenschild schreiben soll, damit diese Leute mengenweise freiwillig in meinen Laden hineinströmen?

Die verschanzte Festung im Kopf des potentiellen Kunden

Militärisch gesehen lautet die Aufgabe so: Ich soll im Kopf von Neukunden Boden gewinnen. Ein Neukunde ist aber jemand, bei dem dieser Boden normalerweise schon von einem anderen »Hoflieferanten« besetzt ist – für das, was ich anbiete. Im Kopf eines BMW-Fahrers ist der Bereich, in dem seine Autos stehen, eine gutverschanzte Festung mit dem Namen BMW. Wenn er keinen Hoflieferanten hat, so hat er für den Zustand, dem ich mit meinem Produkt abhelfen will, wahrscheinlich eine andere Lösung. Diese andere Lösung muß nichts mit meinem Produkt zu tun haben. Jemand, der noch kein Auto hat, muß deshalb noch lange nicht eines kaufen, nur weil es ihm angeboten wird. Er sagt vielleicht: »Ich brauche kein Auto, denn ich arbeite zu Hause und fahre ansonsten mit dem Fahrrad. Das ist mein Beitrag für den Umweltschutz.« Es ist auf alle Fälle *seine* Lösung für seinen Transportbedarf, seine gutverschanzte Festung.

Um diese Festung einzunehmen, bedarf es eines Angriffs, der sich aus zweierlei Gründen schwierig gestaltet: Erstens ist es viel aufwendiger, einen gutverschanzten Gegner anzugreifen, als wenn sich die beiden Parteien einfach auf offenem Feld gegenüberstehen. Der Verteidiger ist hochgradig im Vorteil. Auf Marketing-deutsch: Wenn wir mit viel Mühe und Überredungskunst schließlich einen Termin mit einer Zielperson vereinbart haben, um unsere Produkte zu präsentieren, dann heißt das immer noch nicht, daß die Zielperson gerade auf unser Produkt angewiesen ist. Sie hat ihre Lösung, an der sie jederzeit leicht festhalten könnte. Wir präsentieren und werden unverbindlich entlassen. Peng. Der zweite Grund liegt darin, daß wir nicht die einzigen Angreifer auf diese Position im Kopf des Kunden sind. Während wir unsere Werbegeschosse abfeuern, zielen unsere Mitbewerber auf dieselbe Stelle. Möglicherweise versuchen sie sogar, nebenbei uns und die anderen unliebsamen Konkurrenten auszuschalten.

Das Einnehmen einer gutverschanzten Festung unter solch widrigen Umständen ist eine Operation, die durch sorgfältige Planung vorbereitet werden sollte. Dabei verwenden wir die militärstrategische Sichtweise, um – wie schon im vorigen Kapitel beschrieben – unsere kostbare Energie, nämlich unsere Werbegelder, nicht sinnlos zu verheizen.

Stellen Sie sich vor, Sie sind der Feldherr, der einen Ausfall in die Köpfe der Zielpersonen plant. Was müssen Sie tun, bevor Sie irgend etwas anderes unternehmen?

Urknall-Marketing

Die allererste Aktion, die ein Feldherr vor der Planung seines Angriffs durchführt: Er zählt seine Soldaten, seine Munition, seine Freßpakete. Wie groß ist die zahlenmäßige Stärke der Truppe? Wie lange halten wir es hier aus? Es ist erstaunlich, aber nicht wenige Werbemaßnahmen werden geplant, als wären die Ressourcen des Nachschubs unendlich. Das werden Sie nicht glauben, schließlich ist überall von begrenzten Mitteln und ausgeschöpften Budgets die Rede. O ja, man redet sehr viel über diese Budgets. Aber dann füllt man schließlich das vorhandene Benzin in den Tank und fährt los, in der Hoffnung, daß es irgendwo zwischen der eigenen Garage und dem Punkt, an dem das Benzin alle ist, eine Tankstelle geben wird. »Wir ziehen das jetzt durch und werden sehen, wie weit wir damit kommen.« Ich nenne das »Urknall-Marketing«.

Wie Sie Ihre Zielperson definieren

Wenn wir die Tatsache betrachten, daß unsere Mittel nicht unbegrenzt, sondern begrenzt sind, dann gibt es nur eine einzige Möglichkeit, einen Sieg vorherzusagen: Wir werden das Areal des Kriegsschauplatzes zu begrenzen haben. Auf das Marketing übertragen, erhalten wir die Regel über die Zielpersonen:

Es muß eine Definition der Zielperson geben. Diese Definition muß so sein, daß man die Zielpersonen auf jeden Fall finden kann.

Diese Definition der Zielperson ist vor allem praktischer Natur. Ich muß anhand dieser Definition entscheiden können, ob es sich bei irgendeiner Person um eine Zielperson für mich handelt oder nicht. »Geschäftsführer von Firmen, die Innovationen gegenüber aufgeschlossen sind« ist zum Beispiel eine ungeeignete Definition. Wie soll man die finden, ohne jeden einzelnen ausführlich zu befragen? Leute, die mit Vornamen Fritz heißen, sind leichter zu finden (im Telefonbuch) als die sogenannten »DINKS« (Werbesprache für Doppelverdiener ohne Kinder – engl. Abk.: Double Income No Kids). Es geht um Kriterien, nach denen ich eine Menge dieser Personen ausfindig machen kann, ohne sie einzeln untersuchen zu müssen.

Wichtig ist auch die Menge der Zielpersonen, die durch die Definition eingeschlossen wird. Wenn die Sorte zu groß ist, dann reicht die Durchschlagskraft nicht aus; ist sie zu klein, bleiben uns möglicherweise zu wenige Einzelpersonen freiwillig im Laden.

Die Definition der Zielperson sollte weder zu speziell noch zu generell sein. Es ist nicht sinnvoll, die Definition der Zielperson so kompliziert oder umfangreich zu machen, daß nur noch einige wenige Personen diese Kriterien erfüllen. Es gibt tatsächlich Produkte, die so exklusiv sind, daß die Anzahl der Zielpersonen unter eins liegt. Ein Beispiel: »Leute, die meine Zwölftonmusik verstehen«. Zwölftonmusik (eine Art mathematische Turnübung für Tonkünstler) versteht nur jemand, der Komposition studiert und sich ausgiebig mit dem Werk befaßt hat, das ist in der Regel nur der Komponist des Werkes selbst. Viel zu speziell, um brauchbar zu sein.

Genausowenig sinnvoll ist es, die Definition so allgemein zu fassen, daß kaum gemeinsame Aussagen über die Zielpersonen gemacht werden können. Ein Heiratskandidat definiert seine Zielperson als »Erdenbürger des anderen Geschlechts ab 18 Jahre«. Zu allgemein, um brauchbar zu sein.

Der Einwand des »interdisziplinären Universaldiversifikators«

Doch spätestens an dieser Stelle begegnen wir ihm: dem *interdisziplinären Universaldiversifikator.* Wieder so ein Wort von mir, welches ich demnächst mit den anderen zusammen in einem Nachschlagewerk mit dem Titel »Notwendige Ergänzungen zur deutschen Sprache« herausbringen werde. Der interdisziplinäre Universaldiversifikator ist jemand, der auch Marketing studiert hat und nun aufbegehrt: »Aber sehen Sie, ich habe doch da ein breitgefächertes Angebotsspektrum – das Besondere an mir ist doch gerade meine Vielseitigkeit. Und außerdem – je mehr ich anbiete, desto mehr potentielle Kunden kann ich doch damit ansprechen, oder? Bandbreite, Flexibilität, Kundenorientiertheit, Synergieeffekte! Das ist doch heute angesagt! Unser Angebot reicht schließlich von der Hundehütte bis zum Leuchtturm. Von der Briefmarke bis zum Kinofilm. Da ist doch für jeden was dabei! Gar nicht zu reden von unserem neuen Universalprodukt, einem Tennisschläger mit Schneeschaufeladapter und eingebautem Weckradio. Damit kann man fast alles machen! Aber da kann ich keine Zielperson definieren.«

Es tut mir sehr leid, aber so kann man auch kein vernünftiges Marketing machen. Die Strategie der Produkterweiterung, auch Diversifikation genannt, widerspricht einem elementaren Gesetz der erfolgreichen Kriegführung, formuliert durch Karl von Clausewitz:

»Seine Kräfte in einem überwältigenden Maße vereinigt halten. Das ist die Grundidee. Ihr ist vor allem und soweit wie möglich zu folgen.«

Und: *»Die größtmögliche Zahl von Soldaten sollte am entscheidenden Punkt eingesetzt werden.«*

Betrachten wir unser Werbebudget als Vorrat an Soldaten und Munition. Ist es sinnvoll, an vielen Fronten gleichzeitig zu kämpfen? Sollte man sein Heer aufteilen, um zwei Schlachten gleichzeitig zu schlagen? Das scheint vollkommen unsinnig. Und doch ist es das, was auch große Firmen immer wieder machen. Warum? Reine Eitelkeit. Die Versuchung, den eigenen guten Namen auf noch 25 andere Produkte draufzukleben, ist beinahe unwiderstehlich. Doch im Marketing kann das ganz bös ins Auge gehen.

Ein Gully für Ihre Werbegelder: Fusionitis, Diversifikation und »Synergieeffekte«

Vor einigen Jahren, als die Automobilisten mal wieder die Sündenböcke der Nation waren, da hatte die Firma Volvo ein Problem. Volvo baut Pkws. Aber nicht irgendwelche. Wenn Sie den Namen Volvo hören, dann denken Sie an diese großen, kantigen, wohlgepanzerten Kombis – fahrende Wohnzimmer für Großfamilien. Und nun sollte der Trend zu wendigeren, kleineren und mittleren Autos gehen, das war wohl genau das Gegenteil dessen, was Volvo zu bieten hatte. Irgend jemand bei Volvo muß ein solcher Universaldiversifikator gewesen sein, jedenfalls hieß es: Es gibt doch keinen Grund, warum der solide Name Volvo nicht auch für kleine und mittlere Autos gut sein soll. Gesagt, getan, da waren sie: kleine, eckige Mittelklassefahrzeuge, die auf den ersten Blick überhaupt keinem bekannten Hersteller zuzuordnen waren. Groß war die Freude bei den Volvohändlern, hatten sie doch endlich etwas, das sie den Kundenfamilien als Zweitauto anbieten konnten. Doch immer länger wurden die Gesichter bei der Volvo-Firmenleitung. Die Absatzzahlen hatten nicht die Erwartungen erfüllt. Dabei hatte man sich solche Mühe gegeben und keine Kosten für die Entwicklung dieser Autos gescheut. Das war arg. Wie konnte das passieren?

Nachträglich erscheint uns das völlig klar: Wenn Sie sich vorstellen, ein kleines oder mittelgroßes Auto zu kaufen, dann würden Sie erst ganz zuletzt darauf kommen, daß das auch ein Volvo sein könnte, nicht wahr? Sie würden zuerst an andere Marken denken, es sei denn, Sie sind mit einem Volvohändler liiert. Würden Sie dagegen planen, einen Volvo zu erwerben, dann stellen Sie sich in der Regel ein großes Kombifahrzeug vor. Wo sind also die Zielpersonen für kleine und mittlere Volvos? Wer ein kleines oder mittleres Auto wollte, der wollte keinen Volvo, und wer einen Volvo wollte, der wollte kein kleines oder mittleres Auto. Wer blieb da noch übrig für die kleinen und mittleren Volvos? Erraten. Es war sicher nicht niemand, aber viel zu wenige.

Daß da etwas klemmte, konnte man spätestens daran erkennen, daß man bei Volvo über eine Fusion mit Renault nachdachte. Renault? Wenn Volvo sich mit Renault zusammenschließt, wer garantiert dann uns Volvofahrern, daß diese Autos nachher noch sicher sind? Oder möchten Sie vielleicht so einen *»Renolvo«* kaufen? Ich kann mir nichts darunter vorstellen.

(Sehen Sie, wie hier die Vorstellungen in den Köpfen der Leute mehr zu sagen haben als die tatsächliche »Wirklichkeit«? Volvo baut schon seit Jahren Originalteile von Renault in seine Autos ein. Aber man würde es für unpassend halten, würde es bekanntgemacht.)

Gerade noch rechtzeitig wurden die Fusionspläne abgeblasen. Man hatte die interdisziplinären Universaldiversifikatoren anscheinend hinausgeworfen und die Soldaten wieder am »entscheidenden Punkt« (siehe oben) von Volvo konzentriert, den großen Kombis. Die beiden neuen Familienkutschen, die nun herauskamen, eigenwillig kantig-»volvomäßig«, auch mit Hunde-Airbag, Bremsfallschirm und Schleudersitzen lieferbar, gingen weg wie die warmen Semmeln. Volvo hatte aufgehört, unbedingt in dem Segment stark sein zu wollen, das »alle« oder »die Mehrzahl der Autofahrer« ansprach, sondern sich auf die Stelle im Kopf des Verbrauchers konzentriert, an der Volvo ohnehin der Platzhirsch war, nämlich als »schnellster Panzer der Welt«, bei den großen Kombis. Volvo machte einen solchen Satz nach vorne, daß der Übermut nicht ausbleiben konnte. Kurz vor der IAA 95 wurde angekündigt: Volvo baut jetzt ein Cabrio! (Das Cabrio ist inzwischen auf dem Markt. Schaun wir mal ...)

Also Vorsicht, Gehirnvirus: Die Allrounder-Strategie des interdisziplinären Universaldiversifikators, des omnipotenten Survival-Managers, der alles kann und sich auf keine Kategorie festlegen möchte, ist sicher toll und interessant, aber marketingtechnisch unbrauchbar. Man kann nicht erfolgreich für eine Sache werben, die man nicht definieren kann. Werbung für »alles« ist einfach zu teuer. Und – sie bringt nichts. Denn unter »alles« oder »Vielfalt« kann sich niemand etwas vorstellen. Wie soll man also dafür werben? Alle großen Kaufhäuser haben dieses Problem. Aber die haben wenigstens ein multimillionenschweres Werbebudget, dessen Verschleuderung bei all den Sonderangeboten auch nicht mehr groß auffällt.

Worte wie »Vielfalt«, »Vielseitigkeit« oder »Bandbreite« sollten Sie aus Ihrem Werbevokabular streichen. Es sind (wieder so ein Wort von mir) »Gedankenfransen«, die den Empfänger einer Botschaft eher zerstreuen, statt daß sie seine Aufmerksamkeit auf Ihr Angebot fokussieren.

Es liegt mir übrigens fern, Ihnen zu sagen, daß Sie nicht in mehreren Disziplinen Experte sein oder in vielen Produktkategorien liefern sollten. Bitte seien Sie gut – in so vielen Sparten, wie Sie wollen oder können. Vielseitigkeit ist gut für Sie, sie wird Ihnen helfen, wenn Sie sich nicht verzetteln. Und vor allem, wenn Sie nichts darüber sagen! Verwenden Sie sie auf keinen Fall in Ihrem Marketing. Der Ruf eines Universalgenies und der eines Universaldiletanten liegen ganz nah beieinander.

Über die vielbeschworenen »Synergieeffekte« bei Diversifikationen sollte man im Marketing möglichst überhaupt nicht sprechen. Möglicherweise gibt es solche Synergien wirklich, aber in dem Augenblick, da man das in alle Welt hinausposaunt, wie es zum Beispiel der Daimler-Benz-Konzern tat, läutet man den Ausverkauf der tragenden Marke ein.

Wenn Sie vollkommen definiert in Ihrem Angebot sind, dann haben Sie auch eine sehr klar definierte Zielpersonensorte. Und die können Sie auch sehr leicht für sich gewinnen – im Vergleich zu einer Anstrengung, ja niemanden wegzuschicken und es »allen« recht machen zu wollen.

Die von vielen Unternehmen heute noch hochgelobte Synergien- und Diversifikationsstrategie ist wie ein Gully, durch den Werbegelder nur so weggluckern können. Doch das ist gar nichts im Vergleich zu dem schwarzen Loch, das als nächstes zur Besprechung ansteht.

Das schwarze Loch für Ihre Werbegelder

Nachdem wir also unsere Soldaten gezählt, mithin unser marketingtechnisches Überlebenspotential eingeschätzt haben, kommt ein weiterer Vorbereitungsschritt, den kein guter General je außer acht lassen würde: die Aufklärung. Kein Feldherr würde es riskieren, seine Soldaten auf einen Kriegsschauplatz zu schicken, ohne vorher das Gelände und die Stellungen des Feindes genau ausgekundschaftet zu haben.

Das »Gelände« befindet sich in unserem Fall in den kleinen grauen Zellen unserer Zielpersonensorte. Aufklärung im Kopf des Kunden – wie geht das?

Hier kommen wir zu dem ganz ganz großen Stolperstein, einer Falle im Marketing, bei dem wirklich alle Mann – Künstler, Freiberufler, Unternehmer, Firmen und Großkonzerne, bis hin zu den Amtskirchen – immer wieder für teures Geld platt aufs Pflaster knallen. Weil dieser Punkt fast nie wirklich und ehrlich gemacht wird, kostet das Werbegelder, die man wirklich besser zum Fenster rauswerfen sollte, dann ist nämlich die Chance größer, daß man sie draußen wiederfindet. Dieser Punkt, die Regel über den wahren Gesichtspunkt der Zielperson, lautet:

Man muß sich ein vollkommen klares, ungeschminktes Bild von der wirklichen und wahren Gesinnung und Einstellung der Zielperson verschaffen. Dabei muß man von jeglicher vorgefaßter Meinung Abstand nehmen.

Als erstes wird klar, daß diese Regel nicht ohne die Beachtung der vorangegangenen Regel über die Zielpersonen-Definition befolgt werden kann. Denn wie soll man sich ein Bild verschaffen von der Einstellung einer Zielperson, die nicht definiert werden kann?

Doch warum ist dieser Punkt eine solch vertrackte Stolperschwelle? Die Antwort kennt nicht etwa nur der Wind (die Inspiration eines Bob Dylan bringt uns hier wenig weiter), sondern sie ist begründet in einer nur allzu menschlichen Eigenart:

Weil wir alle so gerne recht haben und so ungern im Unrecht sind!

Das ist so verständlich. Schließlich haben wir ein Leben lang gelernt, geübt und darauf hingearbeitet, im Recht zu sein. Darum geht es doch, oder? In Ihrem Fachgebiet sind Sie Experte, weil Sie mehrheitlich im Recht sind. Man bezahlt Sie dafür, und Sie müßten möglicherweise ernsthaft um Ihr Einkommen bangen, wenn Sie aufhören würden, zu mindestens 51 Prozent im Recht zu sein. Deshalb ist mein Punkt hier auch keine Kritik. Schon gar nicht an Ihnen, dem geschätzten Leser dieses Buches, meinem Kunden!

Nachdem wir nun schon unser ganzes Leben dafür trainiert haben, im Recht zu sein, ist es uns eine Selbstverständlichkeit, zu glauben, daß die eigene Sicht der Dinge so hervorragend durchdacht und von geradezu göttlicher Richtigkeit ist, daß es eigentlich gar keine andere vernünftige Anschauung gibt. Und wenn jemand trotzdem anderer Auffassung ist, so ist das gar nicht ernst zu nehmen, oder »wir wollen den gar nicht als Kunden«. »Wenn das jemand nicht versteht, dann ist das auch nicht unser Kunde ...« Solche Argumente hört man wirklich!

Hier haben wir ein ernstes Problem. Um Marketing zum Erfolg zu bringen, muß man den Gesichtspunkt der Zielperson irgendwie in seine Berechnungen mit einbeziehen. Dieser Gesichtspunkt ist unser Gelände, auf dem wir Boden gewinnen wollen. Wenn wir hier Aufklärung betreiben wollen, dann können wir mit unserem eigenen Gesichtspunkt, aus dem heraus wir immer recht haben, ziemlich wenig anfangen. Die Wahrheit des Kunden zählt, nicht unsere eigene!

Warum es sich im Marketing lohnt, im Unrecht zu sein

Nachdem wir nun unser ganzes Leben damit verbracht haben, herauszufinden, wie man möglichst immer im Recht ist, sollen wir jetzt eine Kehrtwendung machen und üben, im Unrecht zu sein? Das ist ganz schön viel verlangt, ich weiß. Aber es ist unerläßlich. Hier ist eine Idee, wie wir uns in dieser sumpfigen Gegend Orientierung verschaffen können.

Nehmen wir ein einfaches Beispiel: den Bäcker. Der Bäcker ist ein spezieller Mensch. Nur ein Bäcker denkt wie ein Bäcker, und alle anderen denken – berufsbedingt – irgendwie anders. Das ist nicht schwer zu verstehen. Der Bäcker backt die Brötchen, und wir, die hungrigen Frühstücker, kaufen und essen sie. Das ist ein anderer Gesichtspunkt.

Wer ist nun der allerletzte Mensch, der als Kunde zu diesem Bäcker in den Laden kommt, um Semmeln zu kaufen? Natürlich – *der andere Bäcker!* 100 Punkte. Er ist schließlich auch Bäcker und kann sich die Semmeln selbst backen. Niemals würde er also bei einem Bäcker Kunde werden. Und nun frage ich Sie: Warum also sollte ein Bäcker den Gesichtspunkt eines Bäckers, also seinen eigenen, als Maßstab für die Einschätzung seiner Zielperson nehmen? Erscheint das unter dieser Beleuchtung nicht vollkommen abwegig?

Denken wir auf diesem Weg weiter: Wer ist der vorletzte,

der zum Bäcker in den Laden kommt? Der Hobbybäcker. Jemand, der so ähnlich ist wie ein Bäcker. Er backt sich ab und zu zu Hause selber Semmeln. Zum Bäcker geht er nur selten, und wenn, dann zum Kritisieren oder zum Abgucken. So können wir das mathematisch genau weiterrechnen. Je ähnlicher jemand einem Bäcker ist, desto weniger wird er Kunde werden. Umgekehrt: je unähnlicher eine Person ist, desto mehr wird sie auf den Bäcker angewiesen sein. Sehen Sie, warum wir üben müssen, im Unrecht zu sein? Der Gesichtspunkt der Zielperson ist niemals, niemals, *niemals* auch nur *ähnlich* dem Gesichtspunkt des Absenders, sondern *immer maximal anders.*

Der Gesichtspunkt der Zielperson ist immer, immer, immer vollkommen anders als der des Absenders. Liegt das nicht in der Natur der Sache selbst? Der Absender will verkaufen, die Zielperson soll kaufen. Das sind doch auch recht unterschiedliche Dinge.

Aus Erfahrung kann ich Ihnen berichten, daß in vielen Fällen die Zielperson so dermaßen anders ist als der Absender, daß der Absender gar nicht glaubt, daß es eine solche Zielperson überhaupt gibt! Es ist tatsächlich so, daß die qualifiziertesten Zielpersonen manchmal völlig übersehen werden, während der Anbieter wie ein Mondsüchtiger hinter seinen »Wunschkunden« herrennt, die so ähnlich sind wie er und infolgedessen seinen Service nur ganz selten oder überhaupt nicht brauchen.

Der wahre Gesichtspunkt einer Schallplattenfirma

Viele Musiker beispielsweise (inklusive ich selbst) ergehen sich in Gejammer, daß die Plattenfirmen gar nicht an guter

Musik, sondern nur an Plattenverkäufen interessiert sind. Das ist sicher höchst bedauerlich. Aber, mal ehrlich: An was sollen sie denn sonst interessiert sein? Eine Plattenfirma ist kein Musiker und auch kein Publikum. Eine Plattenfirma ist eine Plattenfirma. Genauso wie eine Metzgerei: Die ist weder ein Viehzüchter noch ein hungriger Konsument in der Mittagspause. Sie ist eine Metzgerei. Sie kauft von Viehzüchtern und verkauft an hungrige Konsumenten. Unser Musiker macht den ersten Generalfehler und denkt: »Ich suche mir eine Plattenfirma, die so denkt wie ich.« Wunderbar. Weil der Tonkünstler aber hauptsächlich Musik macht und nur wenig Ahnung hat, welchen Hindernissen man begegnet, wenn man Musik im großen Stil verkaufen will, wäre er mit einer Plattenfirma, die so ähnlich denkt wie er, sehr schlecht beraten. Die würde sich nämlich hauptsächlich für seine Musik und nur am Rande für den Verkauf interessieren. Er würde also nicht verkaufen, sondern nur für seine gute Musik gelobt werden. Was hat er davon? Das Lob kann er auch von seiner Mutter oder seiner Freundin kriegen, wozu braucht er dafür eine Plattenfirma?

Die Zielperson sieht die Dinge immer so dermaßen anders, daß wir eine richtige geistige Turnübung machen müssen, um auch nur ansatzweise begreifen und akzeptieren zu können, wie die Zielperson wirklich denkt und was sie will.

Um bei dem Beispiel der Musikbranche zu bleiben: Es fällt uns jetzt einigermaßen leicht, zu verstehen, daß die Plattenfirma keine Musik verkauft, die den Musikern gefällt. Es gibt zu wenige davon, als daß die Plattenfirma vom ausschließlichen Verkauf an Musiker überleben könnte. Unter Produzenten heißt es tatsächlich: »Wenn's den Musikern gefällt, dann lösch' ma's gleich wieder« (kein Witz). Und doch haben wir noch lange nicht alles über den unergründlichen Ratschluß einer Zielperson verstanden. Wußten Sie, daß die Plattenfirma auch keine Musik verkauft, die dem Publikum gefällt? Das erscheint Ihnen unlogisch? Es ist geradezu widersinnig! Sie verkauft keine Musik, die dem Publikum gefällt. Aber leben die Leute in der Plattenfirma denn nicht gerade davon? Ich habe keine Ahnung, von was die leben. Wahrscheinlich vom Gehalt. Tatsache ist, daß die Flopquoten bei Neuerscheinungen in der Tonträgerbranche weit über den durchschnittlichen Flopquoten liegen, wenn man alle Produkte zusammenfaßt, die neu herauskommen. Somit erhebt sich die Frage: Welche Musik verkauft die Plattenfirma dann?

Die Antwort ist eigentlich logisch, schmerzt aber doch ziemlich: Die Plattenfirmen verkaufen die Musik, von der sie *glauben,* daß sie am meisten verkaufen können. (Daß sie mit diesem Glauben in vielen Fällen danebenliegen, scheint sie nicht sonderlich zu erschüttern.)

Die Regel, deren Verletzung das meiste Geld kostet

Unzählige Fachleute mühen sich ab, um hauptsächlich ihre Kollegen und Standesverbände zu beeindrucken (welche natürlich nie etwas kaufen). Unternehmensbroschüren sind in einer Sprache abgefaßt, daß beim besten Willen niemand, der nicht wirklich in der Materie drinsteckt, etwas verstehen kann (zum Beispiel der Kunde). Bevor der Entwurf für ein Werbemittel genehmigt wird, bedarf es einer je nach Größe des Unternehmens entsprechend komplizierten »Abstimmungsarie«, um sicherzugehen, daß man auch voll und ganz hinter dem stehen kann, was auf die Empfänger losgelassen wird. Dem Gesichtspunkt des Absenders wird hier offensichtlich die maximale Wichtigkeit eingeräumt. Und nachdem man erleichtert aufgeatmet hat, daß wenigstens hierüber ein irgendwie gearteter Konsens erzielt werden konnte – wen kümmert da noch der Gesichtspunkt des Empfängers?

Dieser Satz muß eigentlich ganz groß wiederholt werden, weil seine Mißachtung das meiste Geld kostet: Im Marketing muß man sich ein vollkommen klares, ungeschminktes Bild von der wirklichen und wahren Gesinnung und Einstellung der Zielperson verschaffen. Dabei muß man von jeglicher vorgefaßter Meinung Abstand nehmen. Volkstümlicher ausgedrückt heißt das:

Der Wurm muß dem Fisch schmecken, nicht dem Angler.

Und, nebenbei bemerkt, es versteht sich von selbst, daß man den Wurm zum Testen in den Fischteich hängen muß, nicht in sein eigenes Zahnputzglas, sonst kann der Fisch ihn nicht finden.

Warum Sie Ihr gutes Produkt zum Zweck der Vermarktung nicht zu verändern brauchen

Doch an dieser Stelle eine kleine Entwarnung: Was ich Ihnen hier erzähle, braucht Sie nicht dazu zu bewegen, Ihr Produkt zu verändern. Wahrscheinlich wird Ihr Produkt von Ihren bestehenden Kunden ohnehin sehr positiv beurteilt. Warum sollten Sie es verändern? Sie müssen eine fehlerfreie Lieferung garantieren, wenn jemand kauft. Hier sind Sie der Experte.

Aber Marketing ist, wie bereits erwähnt, kein Wettbewerb der Produkte. Denken Sie daran, daß jedes Ihrer Produkte auch von soundso vielen Mitbewerbern angeboten wird. Produkte sind mehr und mehr austauschbar geworden. Auch wenn Sie noch so sehr beteuern, daß an Ihrem

Produkt etwas Einzigartiges ist, die Chance ist sehr gering, daß jemand zuhören wird. Zu viele andere predigen das auch. Der Lärm ist einfach zu groß geworden. Neukunden sind nicht dadurch zu gewinnen, daß Sie Ihr Produkt ins Fenster legen oder behaupten, es sei gut, besser oder gar ein Weltwunder. Unglücklicherweise können wir mit dem Urteil unserer »Fans« überhaupt nichts anfangen. Die Fans zählen nicht. Denn die sind bereits im Laden, haben etwas gekauft, sind überzeugt. Ab da kann die Qualität des Produktes sehr wohl für sich selbst sprechen, aber vorher eben nicht. Das bedeutet:

Die Abteilung Produktentwicklung ist für die Leute zuständig, die da sind. Das Marketing ist für die Leute zuständig, die nicht da sind.

Bei der Beurteilung des Gesichtspunktes der Zielperson zählen nicht die Zielpersonen, die mich oder mein Produkt schon kennen, sondern nur die, welche mich und mein Produkt noch nicht kennen.

Also: Ändern Sie nicht Ihr Produkt, ändern Sie nur Ihr Marketing!

Exotenprodukte: Wie man Jazz als Streichquartett vermarktet

Ein besonders anschauliches Beispiel hierfür lieferte eine Gruppe von vier Musikern, die mich darum gebeten hatten, ihnen bei der Beschaffung von Engagements zur Seite zu stehen. Das Modern String Quartet ist – wie der Name erkennen läßt – ein Streichquartett. Es besteht seit über zehn Jahren und hat sich durch internationale Engagements sowie durch die Zusammenarbeit mit Konstantin Wecker (CD und Tour) in Fachkreisen einen Namen gemacht. Das

Streichquartett gilt als die schwierigste Besetzung in der klassischen Musik, die nicht nur höchste Musikalität und perfekte Beherrschung der Instrumente erfordert, sondern auch ständige gemeinsame Probenarbeit über längere Zeiträume hinweg. Das Modern String Quartet hatte in jeder Hinsicht Hervorragendes zu bieten. Spitzenmusiker mit langjähriger Berufspraxis. Ein exzellentes Produkt. Mehr als ein Jahrzehnt gemeinsame Proben. Überschwengliche Rezensionen aus aller Welt. Was war also das Problem? Die Schwierigkeit verbarg sich hinter dem Namensteil »Modern«. Das Modern String Quartet, abgekürzt MSQ, spielt keine klassische Musik – obgleich die Künstler jederzeit dazu in der Lage wären –, das Quartett spielt Jazz! Für Streichquartett.

Doch was bedeutet Jazz für einen Marketingmenschen? Zuwenig Gage! Low-Budget-Produktionen. Ein viel zu kleines Publikum, das hauptsächlich aus Musikern besteht, und die haben kein Geld. Man verzeihe mir hier mein einseitiges Urteil, ich möchte nicht das Produkt abwerten oder das Publikum, und schon gar nicht die Künstler! Schließlich bin ich selbst Komponist und liebe Jazz. Ich spreche vom Marketing, und Jazz ist nun mal seit dem Ausklang der Big-Band-Ära kein Big Business mehr.

Bringen wir nun zur Anwendung, was ich über den wahren Gesichtspunkt der Zielperson erzählt habe. Zielpersonen für Künstler sind die Veranstalter. Das erste, was einen Veranstalter interessiert, ist eine Vorhersage über die Menge des zu erwartenden Publikums. Er mag noch so sehr auf der Seite von innovativen, experimentierfreudigen Musikern stehen – wenn sein Laden zu oft leer bleibt, macht er Pleite. Innerhalb des Jazz gibt es natürlich sehr wohl eine internationale Rangleiter, die man sich emporarbeiten kann. Aber als Streichquartett? Wie klingt das überhaupt?

Das kann doch nicht wirklich Jazz sein, oder? Kennen Sie einen Jazzviolinisten? Es gibt nur einen einzigen, der sich international und über die Insiderszene hinaus einen Namen gemacht hat, und der ist nun schon über achtzig Jahre alt, ohne daß ein Nachfolger ähnliche Bekanntheit erlangt hätte: Stéphane Grapelli. Das allein zeigt, wie »unattraktiv« das Marktsegment ist (für den Normalverbraucher). Im Klartext, das MSQ ist innerhalb der ohnehin von chronischen Geldsorgen geplagten Jazzszene noch mal ein Außenseiter, eine »Randsportart«.

Meine nächste Frage an die Künstler war, ob denn das *anwesende* Publikum Gefallen an ihren Auftritten findet. »Selbstverständlich – großen Gefallen sogar«, war die spontane Antwort. Und zwar galt das nicht nur für die Jazzfans oder die eingeschworenen Liebhaber von Streichquartetten – nein, das MSQ hatte vor Leuten mit dem unterschiedlichsten Musikgeschmack gespielt und das Publikum jedesmal vollständig für sich gewonnen. Und die Kritiken namhafter Zeitungen waren voll des Lobes.

Wie viele Künstler – aber auch findige Ingenieure, geniale Wissenschaftler und Hersteller oder Vertreiber von großartigen Produkten – beklagen sich darüber, daß alle, die das Produkt gekauft oder auch nur gesehen haben, begeistert und vollkommen von seinem Wert überzeugt waren, wohingegen die Anbahnung von Neukundenbeziehungen sich immer wieder als Spießrutenlaufen gestaltet, dessen sportliche Leistung hauptsächlich darin besteht, wie viele Absagen man aushalten kann!

Meine erste Empfehlung für das MSQ lautete daher: Wenn das Programm (Jazz für Streichquartett) beim anwesenden Publikum gut ankam, dann werden wir daran nichts, absolut nichts verändern. Allerdings heißt die Musik ab sofort nicht mehr Jazz. Das Wort Jazz sowie jeder Hinweis auf eine Jazzformation sollen aus den Informationsunterlagen für Veranstalter gestrichen werden (gut, daß es Streicher waren). *»Avantgarde«* – das klingt, wenn nicht nach einem größeren, so doch zumindest nach einem zahlungskräftigeren Publikum. Und ein »Streichquartett« ist schon von jeher etwas sehr Hochwertiges.

Doch wir gingen noch einen Schritt weiter: Im nächsten Arbeitsgang wurden die Veranstalter auf einen Aspekt aufmerksam gemacht, der mit dem Musikstil und dem Produkt des MSQ überhaupt nichts mehr zu tun hatte. *»ZDF dreht einstündige Dokumentation über das Modern String Quartet«* titelte die Aussendung, die an die Zielgruppe versandt wurde. In dem Brief wurde in Aussicht gestellt, daß Veranstalter, die sich rechtzeitig melden würden, möglicherweise als Drehort für diese Dokumentarproduktion in Frage kommen könnten. Ein solcher Hinweis, in Verbindung mit den drei Buchstaben »ZDF« in der Headline, ließ die Veranstalter augenblicklich aus ihrem Dornröschenschlaf erwachen und beflissen zum Telefonhörer greifen. Und auf einmal war es vollkommen gleichgültig, welche Musik da gespielt werden sollte. Ändern Sie nicht Ihr Produkt, ändern Sie nur Ihr Marketing.

Wie man durch einen »professionellen« Auftritt Kunden verscheucht

Nächste Regel:

Es ist nicht nötig, den eigenen Gesichtspunkt aufzugeben, um den Gesichtspunkt der Zielperson zu verstehen.

Es ist nicht nur unnötig, sondern möglicherweise geschäftsschädigend, in einer Anstrengung, den Gesichtspunkt des Kunden zu verstehen, sich selbst so ähnlich zu verhalten wie der Kunde.

Also: Ändern Sie nicht sich selbst, sondern nur Ihr Marketing!

Als ich mich vor etwa zehn Jahren auf die »professionelle« Akquisition für meine Dienste als Komponist von Werbejingles vorbereitete, beging ich jenen kostenträchtigen Kardinalfehler, gegen den wohl kaum ein Unternehmer gefeit ist. Meine Zielgruppe waren Geschäftsführer oder Kreativdirektoren von Werbeagenturen. Ich glaubte, daß ich von den erlauchten Damen und Herren, die in weißgetünchten Hallen, umgeben von erlesenem Designermobiliar, hofhielten, nur dann überhaupt wahrgenommen werden würde, wenn ich alles daransetzte, um selbst den Eindruck eines möglichst kosmopolitischen »Busineßpartners« zu vermitteln. Ich erfand einen Firmennamen (klingt doch viel besser), ließ mir ein pompöses Briefpapier gestalten und drucken (erste und zweite Seite), ebenso Visitenkarten, und nannte mich »Geschäftsführer«. Während ich mich dann mit der Auftragsbeschaffung herumquälte, kam ich niemals auf die Idee, daß ich bereits mit meiner Geschäftsausstattung und der Weise, wie ich mein Unternehmen präsentierte, ein perfektes Eigentor geschossen hatte.

Szenenwechsel. Bis an die Zähne bewaffnet mit Marketing-Know-how und jeder Menge praktischer Verkaufserfahrung am Gürtel, trat ich einige Jahre später derselben Zielgruppe gegenüber. Diesmal konnte mich nichts mehr schrecken. Den wahren Gesichtspunkt meiner Zielperson beurteilte ich nunmehr wesentlich realistischer, und zwar so:

Meine Zielperson ist der Geschäftsführer oder Kreativdirektor einer Werbeagentur. Sehr schön. Ich kenne die

Werbeagenturen und weiß, daß diese Leute eine ganz bestimmte Einstellung mit sich herumtragen: Sie mögen dieses freiberufliche »Flair« und sind gegenüber Freiberuflern und Künstlern generell aufgeschlossen. Aber: sie machen Werbung, keine Kunst. Außerdem gibt ihnen das Auftauchen eines einzelnen Freiberuflers das schöne Gefühl der Größe, des Organisiertseins, des Firmaseins, des Weltmännischen, des Unternehmerseins, des Businessman und, nicht zuletzt, der Kompetenz. Zwei Sorten von Freiberuflern können sie aus diesen Grund *nicht ausstehen:*

1. Das verkannte Kreativgenie mit der besseren Mausefalle, das ihnen nur am Zeug flickt. Den Qualitätsfanatiker. Es ist schließlich ein Vorrecht der Agenturen, zu wissen und zu beurteilen, was Qualität wirklich ist. Angesichts der Tatsache, daß dieser Freiberufler ihnen nun »hohe Qualität« zu verkaufen versucht, verfallen sie augenblicklich in die Rolle des kühl kalkulierenden Kostenrechners und beweisen dem Bewerber durch Nichtbeauftragung, daß sein Konzept einen Fehler hat.
2. Den Super-Organisierten, der sich nicht mehr als Freiberufler mit der angemessenen Schlampigkeit, sondern voll durchorganisiert als »Dienstleister« oder gar »Firma« präsentiert. Eine »Firma« und, vor allem, »organisiert« zu sein ist natürlich ebenfalls ein exklusives Vorrecht der Agenturen. Nicht auszuhalten, dieses geschäftsmäßige Getue von Möchtegern-Krawattenträgern, womöglich werden sie, pingelig wie eine Behörde, jeden Handgriff extra berechnen. Nein, so etwas will eine Werbeagentur wirklich nicht haben.

Der wahre Gesichtspunkt eines Geschäftsführers einer Werbeagentur lautet in etwa: *»Ich werde einen Freiberufler* *beauftragen, der genügend Ehrgeiz hat, daß er mir ein brauchbares Produkt liefert, aber unorganisiert genug ist, daß er ein nicht allzu hohes Honorar dafür verlangt. Auf diese Weise werde ich entlastet und mache etwas Gewinn.«*

(Wenn Sie nun an dieser Stelle finden, daß das eigentlich eine Unverschämtheit ist, Menschenverachtung, Ausbeutertum oder sonst etwas, dann sind Sie schon durchgefallen: Die subjektive Wahrheit des Kunden zählt! Wenn Sie der wahre Gesichtspunkt der Zielperson so stört, daß Sie diese Leute dann nicht mehr mögen, dann werden Sie diese Kunden eben nicht gewinnen.)

Eins war klar: ich hatte in der Vergangenheit einigen Aufwand betrieben, um in die Fraktion Nummer 2 der unbeliebten Bewerber aufgenommen zu werden. Ich hatte die Situation völlig verkannt und mich aufgeführt, als wäre ich selbst eine Art Werbeagentur. Es gibt eine verbreitete Übereinstimmung darüber, daß man ein Unternehmen, das zehnmal so groß ist wie das eigene, als Kunden gewinnt, indem man alle Mittel heranzieht, um wenigstens so auszusehen, als hätte man mindestens dieselbe Größe. In Wahrheit verursacht das nur Kosten für die Visitenkarten, Handys, Edel-Timeplaner, Palmtops und andere Busineß-Insignien, ganz zu schweigen von den Hochglanzbroschüren, in denen das eigene Unternehmen dargestellt wird, als würde man demnächst an die Börse gehen. Der Nutzen ist dabei weniger als Null, es kann sogar eine Beauftragung verhindern. *Denn die Zielperson will Spezialisten als Lieferanten, keine Nachahmer in ihrer eigenen Disziplin.*

Beim neuerlichen Ansturm auf die Köpfe meiner Zielpersonen war ich auf den wahren Gesichtspunkt eines Werbekaufmanns vorbereitet. Ich bewarb mich mit einem schreibmaschinengeschriebenen Brief, ohne Briefkopf (Name und Adresse auch mit Schreibmaschine), ohne jeden Aufwand.

Ich vermittelte den Eindruck, daß hier ein zwar kompetenter, aber ansonsten kleiner, völlig ungefährlicher, weil unorganisierter Freiberufler vorspricht, um sich untertänigst um Arbeit zu bewerben. Jemand, der so daherkommt, ist bestimmt keine Konkurrenz, den kann man auch ohne Risiko beauftragen.

Meine Präsentation bedeutete ja nicht, daß ich mit dem Gesichtspunkt des Kunden übereinstimmen mußte! Sie bedeutete nicht, daß ich seinen Gesichtspunkt gutheißen mußte. Sie bedeutete erst recht nicht, daß ich *tatsächlich* billig oder unorganisiert zu sein hatte, um beauftragt zu werden. Ich brauchte mich nur so zu präsentieren, daß etwa der Eindruck entstand, ich gehöre nicht zu einer der beiden abgelehnten Sorten.

Und die Agenturen riefen mich an. Bestellten mich in ihr Allerheiligstes. Ich trat dort an, freiberuflergerecht in Pullover und Turnschuhen. Mein Notebook ließ ich zu Hause und den Krokokoffer im Schaufenster des Lederwarenhändlers. Dann sammelte ich die Aufträge ein.

Ich konnte mich in der Folgezeit selbst davon überzeugen, daß ich um einiges organisierter war als manche Werbeagentur, die ich besucht hatte. Ich war gut organisiert und auch nicht billig. Aber ich habe den wahren Gesichtspunkt der Zielperson berücksichtigt und es immer sorgfältig vermieden, für gerade diese Qualitäten besondere Reklame zu machen. Wie ich dann wirklich war und wie ich bin, das fällt ja unter Produktentwicklung. Wie ich mich aber präsentiere, das fällt unter Marketing. Ändern Sie nicht sich selbst, ändern Sie nur Ihr Marketing!

Die unvernünftige Vernunft der Zielperson

Dieses Planspiel kann man jetzt mit jeder beliebigen Zielgruppe durchgehen. Die Preisfrage lautet immer: Was sind die wahren Absichten und Wünsche meiner Zielperson? Ganz ehrlich – ohne Scheuklappen, ohne Vorurteile. Was will der wirklich? Ich muß es akzeptieren. Ich muß nicht unbedingt mich selbst oder mein Produkt danach richten, aber mein Marketing. Denn sonst wird er mich oder mein Produkt gar nicht kennenlernen wollen.

Der Gesichtspunkt der Zielperson ist eine wirklich vertrackte Sache. Diese Leute denken so anders als wir selbst, daß es gelegentlich über unseren Horizont geht. Wir könnten einiges, was sich in den Köpfen unserer Zielpersonen wirklich abspielt, leicht für verrückt halten. Und hätten möglicherweise recht damit. Aber das nützt uns nichts! Der wahre Gesichtspunkt der Zielperson ist der Gesichtspunkt, aus dem diese Person auf Ihr Produkt und auf Sie schaut. Da können Sie machen, was Sie wollen. Sie schaut eben aus diesem Gesichtspunkt. Und – das ist das, was die großen Konzerne so oft übersehen – Sie können diesen Gesichtspunkt nicht durch Werbung verändern. (Dafür müßten Sie PR einsetzen, eine ganze Menge davon – aber das ist eine andere Baustelle.)

Die subjektive Wahrnehmung der Zielperson – so wie die Welt aus ihrem unlogischen, abgedrehten, merkwürdigen, eigenartigen und verrückten Gesichtspunkt aussieht –, diese Wahrnehmung ist die Realität, mit der der Marketingmann arbeiten muß. Denken Sie an den Pepsi-Test, denken Sie an New Coke, das niemals eine Chance hatte, obwohl der Beweis, daß es am besten schmeckt, ebenfalls mit verdeckten Geschmackstests zweihunderttausendfach erbracht wurde.

Der Dirigent sagte zu seinem Publikum, noch bevor es die Eintrittskarten gekauft hatte: »Achten Sie besonders auf den 321sten Takt – auf die drei-und, da spielt die zweite Triangel nicht etwa mezzoforte, nein-nein, nicht mezzoforte, sondern mezzopiano! Das ist Kunst, meine Damen und Herren, das ist Kunst! Möchten Sie eine Eintrittskarte?« Ein Interessent meldete sich mit: »Gibt es Sekt in der Pause?«

Den wenigsten Unternehmen scheint es etwas auszumachen, fünfzigmal zum Flughafen zu fahren, um dort niemanden zum Abholen anzutreffen. Denn die Zielperson ist mit dem Zug angekommen und steht am Hauptbahnhof. Manchmal ruft sie auch von dort aus an, um uns mitzuteilen, daß sie jetzt hier am Hauptbahnhof angekommen ist. Und was tun wir dann? Wir sagen: Das kann doch eigentlich gar nicht sein. Mit dem Zug – wie umständlich! Nein, ich glaube, wir fahren besser zum Flughafen …

Die Vernunft der Zielperson kann aus unserer Sicht höchst eigenartig oder sogar völlig unvernünftig sein.

Wir würden lachen über die Idee, daß wir unsere Braut, die gerade am Hauptbahnhof angekommen ist, vom Flughafen abholen sollen.

Ich habe am Beispiel des Bäckers gezeigt, wie sehr die Zielperson wahrscheinlich anders ist als Sie selbst. Es gibt keine Möglichkeit, anhand des eigenen Gesichtspunkts auf den Gesichtspunkt der Zielperson zu schließen. Sie können sich aber mit einer ganz einfachen Methode vor den horrenden Kosten für die vielen vergeblichen Fahrten zum Flughafen schützen:

Machen Sie keine Annahmen über den Gesichtspunkt der Zielperson!

Jede Annahme könnte völlig an der subjektiven Realität der Zielperson vorbeigehen. Und damit wäre Ihre Strategie zur Wirkungslosigkeit verurteilt. Es lohnt sich, einigen Aufwand zu treiben, um etwas über den wahren Gesichtspunkt der Zielperson herauszufinden. Aber wenn Sie eine Annahme machen, die auf *Ihrer Meinung* über den Gesichtspunkt der Zielperson beruht, werden Sie mit 99prozentiger Wahrscheinlichkeit danebenliegen. Und das gibt Strafpunkte. Keine Resonanz. Zuwenig Aufträge – dabei haben alle Mitarbeiter Ihrer Firma gesagt, der neue Prospekt sei super. Nun, sind Ihre Mitarbeiter etwa Leute, die etwas von Ihnen kaufen? Es ist doch umgekehrt – Sie kaufen deren Arbeitszeit. Ihre tatsächliche Zielperson ist maximal anders als Sie. Wenn Ihnen Ihre eigene Werbung besonders gut gefällt, dann können Sie beinahe darauf wetten, daß sie in den Augen der Zielperson nicht gut abschneidet.

Die Wahrheit darüber, warum die meiste Werbung im Papierkorb landet

Und jetzt haben wir eine Antwort auf die Frage, warum die meisten Werbebriefe tatsächlich im Papierkorb landen. Warum sie so ein schlechtes Ansehen haben, warum die Leute glauben, Werbung bringt nichts, wird nicht beachtet, liest keiner … – Ganz einfach: Die meisten Briefe sind gar nicht für eine Zielperson bestimmt, die wirklich existiert, sondern richten sich an eine erfundene Zielperson, *die es nur in der Gedankenwelt des Absenders gibt.*

Fazit: Wir werben vergeblich, wenn wir die Zielperson an

dem Punkt anzutreffen wünschen, an dem wir meinen, daß sie sich »vernünftigerweise« befinden sollte.

Es gibt ganz sicher keinen anderen Weg, als sie genau dort zu erreichen, wo sie tatsächlich *ist.* Doch das erfordert:

a) die Größe, unser eigenes Ego klein zu halten,
b) die Fähigkeit, genau hinzuschauen, wirklich zu beobachten und sich nicht von Meinungen anderer oder eigenen fixen Ideen leiten zu lassen,
c) die Bereitschaft, das offensichtlich Beobachtbare auch zu akzeptieren.

Doch das sind Fertigkeiten, die nicht von selber kommen. Man muß sie immer wieder üben und dann tatsächlich anwenden.

TEIL 2

Die praktische Gebrauchs-anleitung

4. Kapitel

Die gewinnende Strategie

»Das Geheimnis des Erfolgs ist, den Standpunkt des anderen zu verstehen.«

Henry Ford (1863–1947), amerikanischer Großindustrieller

Ob Henry Ford, der als erster die Automobilproduktion vom Fließband einführte, seine Idee aus Ägypten hatte (wo man aus der Erfahrung vor Ort wußte, daß ein Verliebter die Blume mit anderen Augen sieht als ein Kamel), können wir nicht mehr nachvollziehen. Tatsache ist jedoch, daß vor der Zeit, als er sein legendäres T-Modell auf den Markt brachte, die übrigen Vertreter der Automobilindustrie nicht glaubten, daß ihm großer Erfolg beschieden sei. Ein Auto wurde als High-Tech-Spielzeug für Reiche angesehen, und dem Erzeugnis von Ford stand man ebenso skeptisch gegenüber wie heute die Vertreter der Gastronomie, die behaupten, daß man bei McDonald's nichts wirklich Eßbares kaufen könne (was machen die vielen Kunden nur in den Filialen?). Das Ansehen von Fast food steht auch heute noch in krassem Gegensatz zu seiner tatsächlichen Beliebtheit, wenn man Umsätze und Expansion des Geschäftsbereichs betrachtet.

In diesem Teil geht es um die Art und Weise, wie wir nun tatsächlich vorgehen, nachdem ich Ihnen im ersten Teil von den Möglichkeiten berichtet habe, wie Sie und ich Lehrgeld bezahlen können.

Keine Sorge, Sie müssen Ihr hochqualifiziertes Produkt nicht in ein Franchise-System à la McDonald's verwandeln. Aber Sie müssen den – unter Umständen völlig abartigen – Gesichtspunkt der Zielpersonen irgendwie in Ihre Kalkulation mit einbeziehen. Sie müssen etwas über diesen Gesichtspunkt herausfinden. Sie müssen ziemlich sicher sein, was den Gesichtspunkt ausmacht, und Sie dürfen keine Annahmen machen. Wie findet man etwas über den Gesichtspunkt von Zielpersonen heraus?

Das Risiko der Marktforschung

Die Großkonzerne machen das mit Marktforschung. Schon allein beim Klang des Wortes fängt bei uns das innere Unkostentaxameter zu rattern an. »Der Markt« – ein Universum! »Forschung« – vor unserem geistigen Auge tauchen Budgets auf, mit denen man Raumfahrtprogramme lanciert. Marktforschung – kann sich das ein Normalsterblicher überhaupt leisten?

Zum Thema Marktforschung möchte ich nun für den Zweck dieses Buches (Anwendung in der Praxis) genau zwei Gedanken vorausschicken.

Erstens: In der Naturwissenschaft gibt es ein Phänomen, das als die »Heisenbergsche Unschärferelation« bezeichnet wird, benannt nach Werner Heisenberg – dem Wissenschaftler, von dem die Formulierung dieses Zusammenhangs stammt. Es besagt im wesentlichen, daß, wenn Sie eine Messung im physikalischen Universum vornehmen, der Bereich, den Sie messen wollen, bereits durch die Meßmethode beeinflußt und das Ergebnis wegen des Meßvorgangs selbst zu einem gewissen Grad verfälscht wird. Stellen Sie sich vor, Sie wollten die Temperatur einer Wassermenge messen, die sich in einem Glas befindet. Sie halten das Thermometer hinein. Weil Sie die Temperatur des Wassers noch nicht genau wissen (sonst müßten Sie ja nicht nachmessen), gibt es keine Möglichkeit, sicherzustellen, daß das Thermometer, bevor es mit dem Wasser in Berührung kommt, genau die Temperatur des Wassers hat. Es hat irgendeine andere Temperatur, die von der noch zu messenden Wassertemperatur abweicht. Sie halten das Thermometer hinein und verändern damit bereits die Temperatur des Wassers, die Sie erst messen wollen, und sei es auch nur ein ganz klein wenig. Sie haben keine Chance, die Wassertemperatur ohne diese Veränderung zu messen. Das gilt im wesentlichen für alle Messungen. Sie müssen immer irgendwie in die Sache, die Sie messen wollen, »hineinfassen«. Und dadurch verändern Sie bereits etwas. Was Sie dann messen, ist immer das Veränderte.

Bei der Marktforschung ist das nicht anders. Wenn Sie eine Befragung durchführen, dann erhalten Sie irgendwelche Antworten. Möglicherweise hätten die Befragten aber anders über die Sache gedacht, wenn sie gar nicht befragt worden wären, wer weiß? Durch den Akt der Befragung selbst verändern Sie bereits etwas im Kopf des Befragten. Seine Antwort ist ab da nur noch repräsentativ für die Zielgruppe der »Befragten«, nicht aber für die gesamte Zielgruppe. Vielleicht ist die Abweichung nur sehr gering, aber sie ist auf jeden Fall vorhanden.

Damit will ich Ihnen nicht sagen, es hätte keinen Sinn, Messungen vorzunehmen. Das Phänomen der Heisenbergschen Unschärferelation gibt uns jedoch einen Hinweis, warum manche Marketingstrategie, die vorher dutzendfach beumfragt und getestet wurde, bei der Durchführung gnadenlos floppt und wiederum andere Vorhaben, die beim

Test durchgefallen, aber von überzeugten Kreuzzüglern dennoch durchgeboxt worden waren, zum Renner wurden. Ein klassisches Beispiel für letzteres war die Marktforschung, welche die Firma Rank Xerox vor der Einführung des Normalpapierkopierers anstellte. Befragungen hatten eindeutig ergeben, daß niemand das Dreifache an Geld für eine Normalpapierkopie hinlegen würde, wenn er eine Thermokopie für 10 Pfennig haben konnte. Xerox ignorierte die Forschungsergebnisse, und der Rest ist Geschichte.

Befragungen haben also ihre Tücken. Trotzdem sollte man auf jeden Fall Anstrengungen auf diesem Gebiet unternehmen. Können wir doch auf keinen Fall darauf verzichten, etwas über den wahren Gesichtspunkt der Zielpersonen herauszufinden. Wir müßten uns sonst mit Annahmen behelfen, und das kann bös ins Auge gehen. Deshalb hier der zweite Gedanke zum Thema Marktforschung:

Marktforschung, die fast nichts oder gar nichts kostet

Es stimmt nicht, daß Marktforschung aufwendig, teuer oder gar unerschwinglich ist. Sie ist noch nicht einmal schwierig (die Marktforschungsfirmen können schon mal den Scheiterhaufen für mich aufrichten). Eine ganz primitive Methode der Marktforschung, die Sie sofort ohne große Kosten durchführen können, ist zum Beispiel die Untersuchung Ihrer eigenen Kundenkartei. Sie machen eine Liste, die alle Ihre Kunden enthält. Sie schauen auf diese Liste und notieren sich, ob ein gewisser Prozentsatz dieser Kunden Gemeinsamkeiten aufweist. Stammen viele von ihnen aus derselben Branche? Haben viele von Ihren Kunden dasselbe Produkt gewünscht? Wohnen viele Ihrer Kunden in einer bestimmten Gegend? Gehören viele Kunden einer bestimmten Altersgruppe an? Und so weiter, Sie können beliebige Kriterien anlegen. Sogar solche, die Ihnen abwegig erscheinen, weil sie vielleicht gar nichts mit Ihrem Geschäft zu tun haben. Im Direktmarketing gibt es zum Beispiel statistische Untersuchungen, welche Vornamen zu welcher Zeit in Mode waren. Daraus kann dann geschlußfolgert werden, daß Leute, die Fritz heißen, mit größerer Wahrscheinlichkeit über 30 Jahre alt sind als unter 30.

Marktforschung kann einfach bedeuten, daß Sie Ihre Augen und Ohren offenhalten. Was erzählen Ihnen Ihre Kunden und die Leute, mit denen Sie zu tun haben? Gibt es Dinge, die Sie immer wieder und wieder hören? Warum laden Sie nicht einfach jemand zum Essen ein und quetschen ihn aus? Jeder erzählt gerne über seinen Beruf, wenn er glaubt, daß ihm sein Gegenüber wirklich zuhört.

Und schließlich können Sie auch richtige Befragungen durchführen. Das kann manchmal zu unfreundlichen Absagen führen, aber im Prinzip ist daran nichts Ehrenrühriges. Im Kapitel über Telefonmarketing habe ich etwas darüber gesagt. Sie führen eine Befragung durch, telefonisch oder persönlich, mit vorbereiteten Fragen, auf die der Befragte nicht einfach mit »Ja«, »Nein« oder »Weiß nicht« antworten kann. Dann muß er oder sie etwas erzählen. Das schreiben Sie auf. Wenn Sie noch gründlicher vorgehen wollen, dann schreiben Sie auf, welche Emotion die andere Person vermittelt hat, während sie antwortete. War sie apathisch (»das geht nicht – da kann man nichts machen«), eher traurig (»das hab' ich schon so oft versucht, und nichts ist dabei herausgekommen«) oder eher feindselig, wütend, streitsüchtig oder gelangweilt? Oder war sie konservativ, interessiert oder gar sehr interessiert?

Wenn Sie eine Anzahl von Befragungen durchgeführt haben, dann werten Sie die Antworten aus. Und schon wissen Sie wieder etwas mehr über Ihre Zielpersonen, Ihre potentiellen Kunden.

Wenn Sie ehrlich genug zu sich selbst sind, so daß Ihnen Ihr eigenes Ego nicht immer wieder in die Quere kommt, dann können Sie einfach ein bißchen Verständnis für die arme Zielperson aufbringen und darüber nachdenken, was wohl ihr *tatsächliches* Problem ist. Unter Umständen hat das tatsächliche Problem der Zielperson mit Ihrem Produkt gar nichts zu tun. Sollte das so sein, müssen Sie es eben so akzeptieren. Auf keinen Fall können Sie darüber hinwegsehen und so tun, als müßte die Zielperson angesichts Ihres genialen Produkts ihr eigentliches Problem vergessen.

Sie müssen Ihren eigenen Gesichtspunkt gänzlich beiseite schieben, wenn Sie sich in die Gedankenwelt Ihrer Zielperson hineinversetzen wollen. Auf diese Weise könnten Sie bis zu einem gewissen Grad Marktforschung »am grünen Tisch« machen. Und das ist genau das, was ich Ihnen jetzt zeigen werde. Für die Zwecke des Personen-Marketing habe ich nämlich schon ein bißchen Marktforschung vorbereitet, deren Ergebnisse ich Ihnen hiermit in aller Bescheidenheit zur Verfügung stelle.

Sieben Aussagen aus der alltäglichen Beobachtung

Ich habe gesagt, daß Sie keine Annahmen machen sollen über den Gesichtspunkt der Zielperson. Wenn wir darüber nachdenken, was wir dennoch mit Sicherheit über eine Zielperson sagen können – und dies auch noch unabhängig von einer bestimmten Branche –, dann bleiben nur Dinge übrig, die auf den ersten Blick wenig brauchbar, weil völlig trivial erscheinen. Es sind Aussagen von der Art wie »Die Zielperson ist ein Mensch«.

Nun, das allein ist wirklich ein bißchen unkonkret. Doch was passiert, wenn wir auf diesem Pfad weiterdenken? Ich werde Ihnen im folgenden *sieben Aussagen* nennen, die unmittelbar aus der Tatsache folgen, daß die Zielperson ein lebendiges Mitglied unserer modernen Gesellschaft ist, und die wir deshalb mit Sicherheit über jede Zielperson für irgendeine Akquisition machen können.

Hier sind sie:

1. Die Zielperson leidet unter Kommunikationsüberflutung. Durch die teils widersprüchliche Vielfalt des Angebots ist sie desorientiert und nicht selten verwirrt.

Kommunikationsüberflutung – die Heuschreckenplage unserer Zeit. Es ist einfach zuviel! Werbung ist überall. Nur ein Bruchteil der Botschaften, die täglich auf uns abgefeuert werden, sind wir bereit und in der Lage, aufzunehmen und zu verarbeiten. Wenn wir ein Produkt kaufen wollen, über das wir zuwenig wissen, dann haben wir kaum die Chance, alles darüber herauszufinden, bevor neue Produkte mit neuem Werbegeschrei den Markt überschwemmen.

Die Zielperson ist desorientiert. Jeder Anbieter preist sein Erzeugnis an, als wäre es nicht nur die einzige Ware, sondern auch das einzig Wahre. Die Verwirrung beginnt sich wie eine Art Bodennebel im Kopf des Kunden auszubreiten. Und alle Barometer für eine Wettervorhersage am Kommunikationsfirmament stehen auf Sturm. Es gibt keinen Hinweis darauf, daß die Anstrengungen der Unternehmen, mit den Vorzügen ihres Angebots den allgemeinen Lärm zu überbrüllen, irgendwann einmal weniger werden.

Mit einer Annahme wie der obigen haben wir somit bestimmt nichts verkehrt gemacht.

2. Die Zielperson weiß nichts oder fast nichts über den Absender. Sie glaubt nicht, daß sie durch Werbung etwas Wahres über den Absender erfährt.

Wenn wir uns vor Augen führen, daß wir von der Neukundengewinnung sprechen, dann ist es völlig logisch, daß die Zielperson nichts oder fast nichts über den Absender weiß. Sie kennt ihn ja gar nicht. Aber was ist mit den großen Marken wie BMW oder Siemens? Kennt die nicht jeder?

Lassen Sie mich das präzisieren: Wenn wir den Absender einer Kommunikation als ein lebendes Wesen definieren, wer ist dann bitte schön »Siemens«? Und wer ist Herr Pischetsrieder, also der derzeitige »Mr. BMW«? Kennen Sie ihn? Ich nicht. Er erzählt auch nichts *über sich.* Und auf den Plakaten sieht man nur seine Autos.

Es ist nicht das Thema dieses Buches, die Werbestrategien von BMW oder von Siemens zu kritisieren, aber es ist eine interessante Übereinstimmung in solchen Konzernen, daß deren Chefs in antiseptischen Managementetagen untergebracht sind und dort in einer Art Quarantäne ihren Aufgaben nachgehen. Es erscheint ihnen richtig und wichtig, daß der potentielle Kunde möglichst wenig über sie weiß.

Es gibt hier auch Ausnahmen, zum Beispiel den Herrn Hipp. Claus Hipp – der mit der Babynahrung. Er stellt sich höchstselbst ins Fernsehen, zeigt Ihnen ein Glas seines Produktes und sagt: »Ich bin Claus Hipp, Sie können diesen Karottenbrei ohne Bedenken von mir kaufen, denn ich habe ihn selbst gemacht.«

Einen solchen Auftritt würden die meisten anderen Konzernherren beinahe für Prostitution halten. Und so werden denn auch die meisten Werbebotschaften ohne einen lebendigen Absender überbracht. Für die Zielperson bedeutet das aber: Sie erfährt nichts über ihn!

3. Die Zielperson will wissen, was der Absender will. Sie will es aber nicht erraten, sondern erfahren.

Wieder so eine Trivialität: Jemand kommt zu Ihnen (ruft Sie an oder schreibt Ihnen einen Brief), und wenn er nicht gerade ein Maschinengewehr in der Hand hält, sondern nur seine Visitenkarte, dann ist die nächstliegende Frage: Was will der von mir?

Doch wenn dann keine konkrete, klare Aussage kommt, werden Sie ungeduldig. Zeit ist Geld, also worum geht's? Sie wollen auch keinen 120seitigen Prospekt durchblättern, das Lösungswort buchstabieren, dieses Wort auf die leeren Felder der Seite 6 übertragen, die gelbe »Ja«-Marke dort abziehen und auf die Antwortkarte kleben, das Ganze einschicken, um dann per Post zu erfahren, warum Sie das alles gemacht haben. Nein. Sie wollen wissen, was Sache ist. Was ist das für ein Angebot? Ist das für mich interessant? Was kostet es? Kann ich das auch in Grün haben? Ist es lieferbar? Kriege ich Rabatt, wenn ich 50 auf einmal bestelle? – Diese Dinge.

Wir wollen nicht raten, sondern erfahren. Es ist nicht allzu unwahrscheinlich, wenn wir annehmen, daß es der Zielperson in diesem Punkt ähnlich geht.

4. Die Zielperson versucht, »den Haken« zu finden. Bei Mitteilungen, die der Zielperson nicht real oder nicht genehm erscheinen, wird sie Gründe suchen, warum es sich dabei um eine Übertreibung, eine Lüge oder um dummes Geschwätz handelt.

Auch ziemlich logisch. Je besser das Angebot zu sein scheint, desto mehr ist man versucht, den »Haken« an der Sache zu suchen. Und wenn der Zielperson irgend etwas nicht in den Kram paßt, nun, dann wird sie auch ein Haar in der Suppe finden und damit einen Grund, warum das Ganze irgendwie faul ist.

5. Die Zielperson will nichts verkauft bekommen, sie will kaufen!

Natürlich ist es unrealistisch zu glauben, daß Dinge sich von selbst verkaufen. Aber die Anstrengungen des »aktiven« Verkaufs werden oft so übertrieben, daß der Kunde gar keine Chance erhält, zu *kaufen*. Der Verkäufer läßt ihn nicht! Er ist so damit beschäftigt zu verkaufen, daß er gar nicht merkt, daß der Kunde tatsächlich kaufen möchte. Bestimmt haben Sie schon einmal ein Geschäft verlassen, den Kopf vollgestopft mit dem ganzen Gequassel, das der beflissene »sales representative« auf Lager hatte, um es sich – angesichts der Fülle der Informationen – »noch mal zu überlegen«. Betreten hatten Sie den Laden vielleicht sogar mit dem Vorsatz, etwas zu kaufen.

Leute haben allerdings eine gewisse Aversion dagegen, etwas »verkauft« zu bekommen. Warum? Sehen wir im Wörterbuch nach: »verkaufen« – mit Nebenbedeutungen in der Art wie »jemanden zu etwas überreden«, »jemandem etwas weismachen, das vielleicht nicht stimmt«, »jemandem etwas andrehen, das er gar nicht haben will«, »jemanden über den Tisch ziehen«. Wer möchte da schon gerne etwas verkauft bekommen?

Ganz anders beim »Kaufen«. Kaufen tut jeder gern. Es vergrößert den Besitz, es gibt einem das Gefühl der Macht, den Fluß des Geldes zu kontrollieren, ja! Sehr schön. Shopping.

Jeder kauft gerne ein, aber niemand möchte gerne »etwas verkauft bekommen«.

6. Die Zielperson wird nach dem Prinzip der »Arbeitsvermeidung« handeln.

Das Prinzip der Arbeitsvermeidung ist eine geistige Nachahmung der Massenträgheit im physikalischen Universum, welche besonders bei Behörden und Großkonzernen Schule gemacht hat. Doch wir wollen diesen Unternehmen nicht die Schuld für alles in die Schuhe schieben. Es ist eine sehr menschliche Eigenschaft, angesichts einer neuen, zusätzlichen oder unerwarteten Aufgabenstellung zunächst das zu tun, was die wenigste geistige Veränderung erfordert – nichts.

In der Praxis bedeutet das, daß die einfachste Methode, einen Vorgang zu bearbeiten, der zum erstenmal hereinflattert, die ist, *nichts* zu unternehmen. Etwas kommt zum erstenmal auf den Tisch – der Adressat unternimmt nichts. Das ändert sich aber bald, wenn dieselbe Sache ein zweites oder gar drittes Mal zur Diskussion gestellt wird. Spätestens jetzt ist eine Entscheidung notwendig. Werden wir jetzt sauer – wegen der ständigen Belästigung –, oder befassen wir uns schließlich doch noch mit der Sache? In der Regel passiert beides. Erst werden wir sauer, und dann befassen wir uns doch damit. Und sei es, damit endlich Ruhe ist.

Das funktioniert auch im Marketing. Stellen Sie sich vor, 100 Meter von Ihrer Wohnung entfernt eröffnet ein neues chinesisches Restaurant. Mit Lampions, einem Schild »Neueröffnung« und der für die Asiaten üblichen 35seitigen Speisekarte. Sie registrieren das, gehen aber, ohne nachzudenken, weiterhin zu Ihrem Stammitaliener. Der ist zwar ein bißchen weiter weg, aber dafür kennen Sie den schon, er kennt Sie und macht Ihnen immer Ihren Spezialsalat. In der nächsten Woche finden Sie einen Handzettel in Ihrem Briefkasten, mit dem der Chinese auf seinen Heimliefer-Service hinweist. Sie denken »soso ...« und werfen den Zettel weg. In der folgenden Woche ist wieder so ein Handzettel in der Post. Diesmal mit dem Tagesmenü, damit Sie vielleicht zum Mittag rüberkommen ... Jetzt haben Sie das erstemal die Gelegenheit, sich aufzuregen – über das viele Papier, das nur Ihren Briefkasten verstopft, und die Regenwälder, die dafür abgeholzt werden müssen, und so weiter. Unterdessen haben bald alle Ihre Freunde und Kollegen den Chinesen schon einmal von innen gesehen, nur Sie noch nicht. Und wieder liegt das Acht-Schätze-Menü zu 14,50 Mark auf Ihrem Tisch. Sie denken »na gut, was soll's ...«, gehen rüber und werden Kunde. Dann stellen Sie fest, es ist doch recht nett da. Man ist dort sehr bemüht (ist schließlich eine Neueröffnung) – es gibt einen Extradrink, und Sie denken sich: »Ein bißchen Abwechslung kann ja nicht schaden, und – es ist ja auch näher ...«

Auf diese Weise hat das Prinzip der geistigen Arbeitsvermeidung Sie dazu gebracht, daß Sie jetzt nicht immer, aber immer öfter zum Chinesen gehen. Und somit ist auch der Punkt 7 bei Ihnen eingetreten:

7. **Die Zielperson gewinnt mit etwas mehr Zeit und einigen Wiederholungen Vertrauen auch zu den Dingen, die ihr erst noch neu und ungewohnt waren.**

Diese sieben Aussagen sind wohl reichlich banal, und man könnte meinen, daß man mit diesen Informationen über den Gesichtspunkt der Zielperson nicht viel anfangen kann. Auf jeden Fall aber haben wir bisher keine speziellen Annahmen gemacht, mit denen wir uns hinsichtlich des wahren

Gesichtspunkts der Zielperson aufs Glatteis begeben. Die obigen Punkte sind dermaßen allgemein und enthalten einfach menschliche Charakterzüge, daß wir wohl kaum jemanden finden, auf den sie in nicht zutreffen.

Und doch werden Sie gleich sehen, daß die meisten Werbestrategien nicht einmal diese grundlegenden Dinge berücksichtigen.

Das ist jedoch genau, was ich jetzt tun werde: Ich werde nun jeden einzelnen dieser Punkte *be-rück-sich-ti-gen.* So entstehen – analog zu den sieben Aussagen über die Zielperson – die sieben Eckpfeiler der gewinnenden Strategie.

Die sieben Eckpfeiler der gewinnenden Strategie

Beginnen wir mit Aussage 1:

Die Zielperson leidet unter Kommunikationsüberflutung. Durch die teils widersprüchliche Vielfalt des Angebots ist sie desorientiert und nicht selten verwirrt.

Um diese Kommunikationsüberflutung etwas genauer zu analysieren, stellen Sie sich das bitte einmal bildlich vor. Ihre Zielperson sitzt am Schreibtisch. Sie ist für den Einkauf der Dinge verantwortlich, die Sie vorhaben, ihr anzubieten. Da sitzt sie nun und hat alle möglichen Prospekte irgendwo gestapelt. Diese Prospekte enthalten – wie wir oben schon erwähnten – nichts Besonderes über deren Absender. Hauptsächlich geht es da um die Produkte oder Dienstleistungen, die hier zum Kauf angeboten werden (Produkte – dieses Wort werde ich im folgenden als Oberbegriff für sowohl Waren als auch Dienstleistungen verwenden).

Da liegen sie also, die Produkte, schön bunt aufgemacht in den Prospekten. Natürlich liest die Zielperson auch Fachzeitschriften, in denen Testberichte veröffentlicht werden. Und wiederum geht es hier hauptsächlich um Produkte. Der Kopf ist voll, und sie versucht sich zu konzentrieren, da klingelt das Telefon. Ein Dienstleister möchte einen Termin, um seine Produkte vorzustellen. Nun, das wollten gestern auch schon drei. Aber der Tag ist jung, und so schlecht ist die Laune nicht, also schön, fahr' er auf, was er zu bieten hat. Termin ausgemacht für die Produktpräsentation. Am späteren Vormittag kommt der andere Dienstleister, der letzte Woche schon um einen Termin nachgesucht hatte, um seine Produkte zu präsentieren. Er zeigt seinen Verkaufsfolder, bunte Bildchen, Produkte natürlich, mit dem Produktnutzen 1, dem Produktnutzen 2, dem Kundennutzen 1 und 2, dem Sommerangebot, dem Sonderangebot, und zur Abrundung dieser Produktpräsentation gibt es noch ein kleines Produkt als Werbegeschenk.

So weit, so gut. Unsere Zielperson vertieft sich in ihre Arbeit. Die muß fertig werden, denn heute nachmittag ist die Product-Conference, bei der es um die EDV geht. Hier werden wieder Produkte vorgestellt. Zum Beispiel Softwareprodukte – die sind zwar weicher, aber dafür teurer. Dann, der Feierabend ist in Sicht, ruft natürlich noch der unvermeidliche Finanzdienstleister des Tages an: »Möchten Sie Steuern sparen? Äh – nun, wir haben da gerade ein ganz hervorragendes Anlageprodukt …«

Die Zielperson geht nach Hause. Dabei kommt sie natürlich auch an den bunten Plakaten vorbei. Schöne Produkte werden gezeigt. Sie geht in den Supermarkt. Dort herrscht ein wahrer Überfluß an Produkten! Überall in den Regalen, von der Decke hängend und aus den Wänden hervorspringend, präsentieren sich die Produkte. Um das

Schlaraffenlanderlebnis abzurunden, gibt es dann noch den Ladenfunk: »Beachten Sie besonders die *Le-ber-wurst* in unserer Lebensmittelabteilung – hundert Gramm *nur zwei-Mark-neun-und-neun-zig* …« Die Zielperson aller Werbebotschaften schleppt sich mühsam mit zwei Tüten voller Produkte nach Hause, die sie tatsächlich gekauft hat – nur einen winzigen Bruchteil der insgesamt im Laden vorhandenen Produkte natürlich.

Zu Hause angekommen, findet sie das gewohnte Bild: die Kids vor dem Fernseher. Und im Fernseher – ja, da tanzen die Joghurtbecher! Sehr originell, diese Produktpräsentation. Seine Frau nimmt ihm die Produkte in den Einkaufstüten ab und zeigt ihm den Prospekt mit der neuen Stereoanlage, deren Kauf man schon eine Weile erwägt. Jetzt ist sie noch billiger und noch besser – mit eingebautem Oktophonie-Adapter, Infrarotkanone und einem Bass-Booster-Seitenaufprallschutz! Und erst das Sonderangebot vom schwedischen Möbeldiscounter mit dem aufblasbaren Regalsystem und dem umweltfreundlichen Massivholztoaster!

Nun ist Ihre Zielperson aber kein Schwächling und hält wacker durch bis zum Wochenende. Dann, am Freitag abend in der Kneipe (endlich), kommt der Pakistani mit den Rosen. Wieder Produkte. Nach zehn Minuten kommt der nächste.

Was können wir nun über die Kommunikationsüberflutung sagen? Die meisten Botschaften, die diese Überflutung ausmachen, sind Kommunikationen über Produkte. Produkte, Produkte, Produkte. Den ganzen Tag. Immer nur Produkte. Die Zielperson wird geradezu damit zugeballert! Und daraus folgt meine erste Empfehlung für die gewinnende Strategie:

1. Personen-Marketing statt Produktpräsentation

Personen-Marketing – was ist das nun? Haben Sie schon einmal versucht, sich als *Person* zu verkleiden?

Natürlich nicht. Ist Ihnen jedoch aufgefallen, daß jedesmal, wenn Sie jemandem etwas angeboten haben oder Ihnen jemand anderer etwas verkaufen wollte, sich dieser Jemand (bzw. Sie) für die Präsentation *als Produkt oder als Firma* verkleidet hat? Das gilt für fast alle Werbemittel.

Mit »Personen-Marketing statt Produktpräsentation« meine ich: Sie hören auf, sich als Produkt oder als Firma zu verkleiden. Sie präsentieren sich als Person. Ihr Produkt ziehen Sie an einer fünfzehn Meter langen Leine hinter sich her – das bedeutet, Sie halten es hübsch im Hintergrund. Das betrifft *alle* Werbemittel, nicht etwa nur persönliche Besuche. Briefe, Handzettel, Telefonanrufe, Anzeigen, Hörfunk- und TV-Spots, auch redaktionelle PR – *jedes* Werbemedium ist für Personen-Marketing geeignet. Für den Zweck dieses Buches beziehe ich mich auf meine Empfehlung, den Brief als Medium zu verwenden.

Sie präsentieren sich als Person. Und was passiert dann? Die Zielperson, eingeschläfert von den vielen Hypnosevorführungen über Produkte, wacht auf. *Eine Person?* Na so was – eine richtige Person, sozusagen ein echter Mensch – gibt's das heutzutage überhaupt noch? Das ist ja eigenartig. Ja, äh – nun, also ... können Sie mir etwas mehr darüber erzählen???

Erinnern Sie sich an das Kapitel, in dem ich über die Bedeutung zahlenmäßiger Überlegenheit gesprochen habe? Der Personen-Markt ist so gut wie leer. Alle verkleiden sich als Produkt oder als Firma. Wenn Sie es nicht glauben, sehen Sie sich die Werbebriefe an, die Sie selbst bekommen. Firma, Produkt, Produktnutzen, Ihr Vorteil, wir würden uns freuen, mit freundlichen Grüßen, i. A. (so viele Leute scheinen diesen Vornamen zu haben). Nur ganz, ganz selten – tatsächlich fast nie – präsentiert sich jemand wirklich und ehrlich als Person. Wohlan, dann sind Sie eben der einzige und somit zahlenmäßig überlegen!

Wenn Sie das konsequent machen – nur das: Sie stellen Ihre Person in den Vordergrund und Ihr Produkt in den Hintergrund –, dann haben Sie mit diesem einen Schritt allein ungefähr 95% aller Neubewerber, die Ihre Zielperson ebenfalls noch nicht kennt, ausgeschaltet.

Das klingt wohl ziemlich abgedreht. Gestandene Unternehmer haben sich tatsächlich vor meinen Augen gewunden, als ich sie aufforderte, in ihrer Neukundenwerbung als Person in Erscheinung zu treten. Haben wir denn nicht im schlauen Marketinglehrbuch gelesen, daß ein Unternehmen *eine Marke* sein soll, die einen eigenen, wiedererkennbaren Charakter haben und deshalb bewußt von einer identifizierbaren Person losgelöst aufgebaut werden sollte? Natürlich ist es der Firma Suchard gelungen, die Bevölkerung schließlich davon zu überzeugen, daß diese lila Kuh wirklich existiert (machen Sie mal eine Befragung im Kindergarten, welche Farbe Kühe haben). Doch wie hoch ist der Jahresetat von Suchard? Haben Sie Werbegelder in vergleichbarer Größenordnung bereitgelegt?

Weil die Großkonzerne sich eine ganze Menge Werbung für ihre künstliche Identität, ein Pseudonym – quasi als Künstlername für die Geschäftsleitung –, leisten können, haben viele Mittelständler und selbständige Geschäftsleute das eilfertig nachgemacht. Sie sind auf den »IBM-Trip« gegangen. In dem Glauben, daß ein solches Drei-Buchstaben-Kürzel ihnen den würdevollen Anstrich eines einflußreichen Unternehmens verleiht, haben sie die beste Marke, die sie besaßen, über Bord geworfen, nämlich ihren eigenen

Namen. Das Ergebnis kann man auf dem Initialen-Friedhof betrauern, der sich in jedem Branchenbuch befindet.

Zur Demonstration ein Blick in die Münchner Gelben Seiten, Rubrik Werbeagenturen. Allein unter dem Buchstaben A (46 Einträge) befinden sich 16 solcher Inkognito-Kandidaten: A3, ABC, ABW, ACM, AFF, AFP, AGEVA, AGW, AKOM, AMA, AMS, APS, ASM, AVR, AWG und AWK.

Weitere künstliche Identitäten in Form von Phantasienamen wie ACREA, AD FOCUS, AD VENTURE, AD WERBEAGENTUR, ADAMAS, ADPOOL, AGENTUR CREATIV, ALEA, ALL ABOUT ADVERTISING, ALPHA MEDIA, AR MEDIA, ART-PROJEKT, ARTWORK TEAM und AVANTI machen noch einmal 14 Einträge aus.

Der Rest ist eine Minderheit von 16 Firmen, nicht mehr als ein Drittel, die unter dem Namen tatsächlich existierender Personen angetreten sind.

Ich werde Ihnen im folgenden zeigen, welche Drainagewirkung diese falsch verstandene »Markenphilosophie« auf Ihre Werbegelder hat. Wenn Sie sich an den Anfang dieses Buches erinnern, da haben Sie etwas über mich erfahren, den Autor. Ich heiße Stephan Gebhardt-Seele, und es gab ein paar Informationen über mich. Nachdem Sie das gelesen hatten: haben Sie daran gezweifelt, *daß ich existiere?* Ich glaube kaum. Warum auch? Wenn Sie Ernst Eisenberger heißen und jemandem sagen oder schreiben: Ich bin Ernst Eisenberger – haben Sie schon einmal erlebt, daß der andere dann sagt: »Das glaube ich nicht!« oder gar: »Können Sie das beweisen?« (Das tut nur die Polizei, aber die ist wahrscheinlich nicht Ihre Zielpersonensorte.)

Es gibt in dieser Gesellschaft eine interessante Übereinstimmung: *Personen existieren.* Sie existieren einfach. Man braucht keinen Beweis. Jemand sagt: Ich bin Ernst Eisenberger, und wir sagen: »Ja, gut. Mhm, in Ordnung. Nett, Sie kennenzulernen.« Warum sollte man daran zweifeln?

Bei Produkten oder Firmen sieht das ganz anders aus. Daß ein Produkt existiert, ist keineswegs gesichert. »Das Produkt ist noch nicht lieferbar« oder »nicht mehr lieferbar« oder »nicht in Ihrer Größe lieferbar« oder »nicht so lieferbar, wie es angekündigt worden war« – das sind einige gängige Varianten von nichtexistenten Produkten.

Und die Firmen? Gesetzt den Fall, Sie bekommen ein Angebot von einer gewissen OSÄ GmbH (OSÄ steht für »Oder So Ähnlich«). Nun, wer ist das, OSÄ? Gibt es die überhaupt, oder existiert die nur zum Schein, zur Steuerabschreibung oder als Geldverschiebebahnhof irgendwelcher Holdings aus Honolulu?

Natürlich gilt das nicht für alle Firmen oder Produkte. Ich spreche überhaupt nicht über die Firmen oder die Produkte selbst. Ich spreche über die Unsicherheit in den Köpfen der Leute, die wie der berühmte Londoner Nebel in die kleinen grauen Zellen kriecht, solange die Zielperson keine zusätzlichen Daten hat, denen sie auch wirklich Glauben schenkt.

Noch so eine Übereinstimmung: Unsere Gesellschaft findet überhaupt nichts dabei, wenn irgend so eine OSÄ GmbH pleite geht und verschwindet. Man kann sie sogar mit voller Absicht eliminieren. Es gibt keine Trauerfeier und auch kein Begräbnis. Ganz leise werden diese OSÄs dann zugemacht. Und nächste Woche eröffnet an derselben Stelle eine Weinhandlung.

Ganz anders bei Personen. Die Gesellschaft stimmt *keinesfalls* damit überein, daß Personen einfach so verschwinden oder ihre Identität ändern. Das geht nicht. Es ist gegen die Spielregeln. Kneifen gilt nicht auf dem Personen-Markt!

Sogar Personen, von denen es heißt, sie seien »untergetaucht« oder »vermißt«, sind nicht wirklich verschwunden – wie uns schon die Wortwahl zeigt. Man kann sie derzeit nur nicht leicht finden. Aber die Übereinkunft gilt weiter, daß diese Person *immer noch vorhanden* ist. Wenn Sie wirklich total verschwinden wollen, dann brauchen Sie dazu einen amtlich beglaubigten Totenschein. Und der ist nicht so leicht zu bekommen, solange Sie beabsichtigen, ihn sich selbst abzuholen.

Keine Frage also, eine Person existiert. Für ein Produkt oder eine Firma hingegen brauchen Sie *Beweise.* Firmenprofil, Modelle, Muster, Exposés, Demoversionen, bunte Bildchen. Verkaufsargumente und Kosten-Nutzen-Berechnungen. Handelsregisterauszüge, Kreditreformauskünfte und vielleicht bald schon eine Zertifizierung nach ISO neunhunderttausendunddreizehn! Das sind Kosten, Kosten, Kosten (Unkosten, um genau zu sein).

Für eine Person brauchen Sie nichts dergleichen. Die bereits vorhandene Übereinstimmung in der Gesellschaft reicht vollkommen aus. Sie sagen, wer Sie sind, erzählen ein bißchen etwas über sich, und niemand zweifelt an der Existenz Ihrer Person.

Die Übereinkunft über eine Person geht sogar noch einen Schritt weiter: Nachdem Sie meinen Namen und ein paar Informationen über mich gelesen (und noch bevor Sie einen Blick auf mein Porträtfoto geworfen) hatten, da waren Sie nicht nur ziemlich sicher, daß ich existiere, sondern Sie haben auch bestimmt nicht angenommen, *ich sei gestern erst geboren* – oder wäre schon im Altersheim – richtig? Auch der Gedanke, daß ich in der Zwischenzeit wahrscheinlich von einer Dampfwalze überfahren worden bin, lag Ihnen vermutlich fern.

Sie haben mich höchstwahrscheinlich unbewußt so eingeschätzt: Da ist jemand, der ist schon eine Weile da, der wird auch noch eine Weile dasein. Ein besseres Image können ein Unternehmen oder ein Produkt gar nicht haben! Nur leider ist es ziemlich teuer und zeitaufwendig, eine solche Übereinstimmung über eine Firma oder ein Produkt bei den Zielpersonen herzustellen.

Sehen Sie, wieviel Werbegeld Sie einsparen können, wenn Sie Ihre Werbemaßnahmen auf Personen-Marketing umstellen? Sie arbeiten mit gesellschaftlichen Übereinstimmungen, die schon vorher tief im Kopf einer jeden Zielperson verwurzelt sind. Personen existieren. Wenn sie in irgendeiner Form im Berufsleben stehen, gibt es sie schon eine Weile, und es wird sie auch noch eine ganze Weile geben.

Wenden wir uns nun wieder Ihrer Zielperson zu. Sie präsentieren sich als Person, und ab da gibt es keinen Zweifel mehr für die Zielperson, daß Sie tatsächlich existieren. Doch was bedeutet das genau?

In unserer Zeit der Kommunikationsüberflutung gibt es gleichzeitig einen immer größer werdenden Mangel an »echter« Kommunikation – die Leute reden nicht mehr miteinander, wie früher. *»Was nützt uns die beste Informationstechnik, wenn die Menschen sich nichts zu sagen haben?«* Dieses Statement eines Computerspezialisten beschreibt die Misere recht deutlich.

Und Ihre Zielperson? Sie weiß doch genau, daß jeder Depp ihr Freund sein wird, wenn sie etwas von ihm kauft. Doch hilft ihr das weiter? Nein. Der Mann ist einsam! Mutterseelenallein sitzt er in seiner Produkte-Kommunikationsflut, und niemand spricht mit ihm. Und da kommen Sie daher und sind eine richtige, echte Person – ein Mensch!

Echte Kommunikationen zeichnen sich als erstes dadurch aus, daß sich ein tatsächlich existierendes lebendes

Wesen als Absender zu erkennen gibt. Jemand, der da ist, der meint, was er sagt. Daran herrscht in unserer Gesellschaft ein beängstigender Mangel.

Gleichzeitig gibt es den überwältigenden Überfluß von Produkten. Um in einer solchen Situation überhaupt einen Weg zu einer Entscheidung zu finden, bedienen sich die meisten Leute der einfachen Formel:

Ein Produkt, das man nicht kennt, kauft man zur Sicherheit von einer Person, die man kennt.

Was folgt daraus? Damit jemand ein Produkt, das er auch von allen möglichen anderen Lieferanten (und bald an der Tankstelle oder »online«) kaufen kann, von *Ihnen* kauft, muß er Sie – ja Sie! Sie persönlich – *kennenlernen.* Und damit er Sie kennenlernen kann, müssen Sie ihm etwas über sich erzählen. Etwas Interessantes natürlich, damit er sich nicht zu sehr langweilt. Somit erhalten wir den nächsten Eckpfeiler der gewinnenden Strategie. Die Aussage über die Zielperson hierzu war:

Die Zielperson weiß nichts oder fast nichts über den Absender. Sie glaubt nicht, daß sie durch Werbung etwas Wahres über den Absender erfährt.

Sehen Sie, wie fatal es sich auswirkt, wenn die Zielperson sich nichts unter dem Absender einer Kommunikation vorstellen kann? Sie weiß nichts oder fast nichts über Sie, den Absender. Wenn Sie ihr nicht etwas über sich erzählen, dann kann sie sich nichts vorstellen und hat entsprechende Schwierigkeiten, sich zu einer Kontaktaufnahme zu entschließen. Die Abhilfe hierfür ist Eckpfeiler Nummer 2:

2. Interessante Information statt originelle Infiltration

Die meisten Werbeaktionen versuchen es mit dem letzteren: originelle Infiltration. Es gibt da die Idee, daß es sich bei den Zielpersonen um eine Art Versuchsratten handelt, die man zu den erwünschten Reaktionen bringen kann, wenn man nur das richtige Lockmittel an der richtigen Stelle auslegt. Das ist ein Gesichtspunkt, der die Intelligenz eines jeden vernünftigen Menschen beleidigt. Oder lassen Sie sich vielleicht gerne »infiltrieren«, weil die Infiltration originell gemacht ist?

Darüber hinaus ist in den schlauen Lehrbüchern zu lesen, daß Werbung *aufmerksamkeitsstark* sein soll. Das mag stimmen, doch ich möchte Ihnen anhand von zwei Beispielen zeigen, daß dieser Aufmerksamkeitsstärke in der Werbung eine viel zu große Wichtigkeit beigemessen wird.

Eines Tages erhielt ich einen Brief von einem renommierten Geldinstitut. Darin befand sich ein Heft im Lang-DIN-Format, welches beim Öffnen einen kleinen, zusammengefalteten Pappgegenstand offerierte. Ich zog den Gegenstand heraus und, – »Schnapp!« – ein richtiger Würfel lag in meiner Hand. Ein gelungener Überraschungseffekt. Ich zumindest – als spielerisch veranlagter Mensch – fand das sehr originell. Die eingehende Untersuchung des Würfels zeigte, daß die Pappkonstruktion einen kleinen Gummiring enthielt, der dafür sorgte, daß das flach gedrückte Modell beim Herausziehen aus der Lasche mit einem vernehmlichen »Klack« zum dreidimensionalen Objekt aufsprang. Vor lauter Freude über diese Entdeckung vergaß ich, das beiliegende Heft zu lesen.

Ein weiteres Beispiel: An einem regnerischen Werktagvormittag (die Post war schon dagewesen) klingelte ein privater Zustelldienst an meiner Tür und überbrachte mir einen großformatigen Umschlag. Da ich nichts bestellt hatte und auch keinen Kurier erwartete, war ich etwas verblüfft. Ich nahm den Umschlag in Empfang und öffnete ihn. Er enthielt einen sehr teuer aufgemachten Prospekt eines Interieurdesigners. Dieser hatte wahrscheinlich aus einer meiner Aussendungen erfahren, daß ich Seminare abhalte, und schickte mir nun seinerseits eine 20seitige Vierfarbbroschüre, in der er seine Seminarraumgestaltung und -ausstattung präsentierte. Wow! Was für einen Aufwand der Mann getrieben hatte, nur um für einen Augenblick meine Aufmerksamkeit zu erhalten: Ein privater Zustelldienst! Die Überlegung war wohl die gewesen, daß ihm meine Aufmerksamkeit schon einmal durch diese außerplanmäßige Darbietung sicher sein sollte. Überformatige Vierfarbbroschüre – Aufwand, Aufwand und nochmals Aufwand. Meine Aufmerksamkeit hatte er, das stand fest.

Doch wer war ich? Ich halte meine Seminare immer in gemieteten Hotelräumen ab und habe für die Angebote von Interieurdesignern zur Ausstattung eines Seminarraums nicht den geringsten Bedarf.

Nun, das kann passieren – aber: Um das nun *nicht* herausgefunden zu haben (denn ich habe ja nicht auf die Zusendung reagiert, noch nicht einmal mit einer Absage), hatte dieses Unternehmen gut und gern 25 Mark investiert. Ich war baff. Und verstand überhaupt nicht, wie ich zu einer solchen Ehre gekommen war.

Sie können sich eine ganze Menge Werbegelder sparen, wenn Sie statt der Empfehlungen der werbepsychologischen Lehrbücher folgenden Merksatz beherzigen:

Aufmerksamkeitsstarke Werbung mit unverständlichem oder keinem Inhalt erhält Aufmerksamkeit, aber keine Reaktion.

Verlassen Sie sich lieber auf die viel preisgünstiger zu erzielende, aber dafür um so durchschlagendere Wirkung von *interessanter Information.* Erzählen Sie der Zielperson einfach irgend etwas Interessantes über sich (es muß natürlich nicht nur für Sie, sondern tatsächlich auch für die Zielperson interessant sein). Sie weiß dann genug über Sie, um zu sehen, daß da tatsächlich jemand mit ihr spricht. Möglicherweise findet sie diesen Jemand schon deshalb sympathisch, weil er überhaupt etwas über sich preisgibt. Wenn Ihnen das gelingt, dann haben Sie schon etwa 98% aller Neubewerber ausgeschaltet. Und dann – ja, jetzt will die Zielperson natürlich auch wissen, was der andere eigentlich will.

Die Zielperson will wissen, was der Absender will. Sie will es aber nicht erraten, sondern erfahren.

Endlich! An dieser Stelle macht der mit allen Tricks der Verkaufspsychologie vertraute Direktmarketingspezialist innerlich einen Satz nach vorne, tritt aus seiner Verkaufs-Überrumpelkammer, denkt »Jetzt hab' ich ihn!« und legt los:

»Wir – Firma … Kompetenz/Marktposition … Kundenorientiertheit, Produktnutzen 1, Produktnutzen 2, Kundennutzen 1 und 2 … Sonderangebot, Sommerangebot, Ihr Vorteil: … *Wir würden uns freuen, … mit freundlichen Grüßen, i. A. PS: Ein Werbegeschenk, wenn Sie sich innerhalb von 14 Tagen entscheiden!«*

Angesichts dieser überwältigenden Informationsfülle geht der Interessent, der ja nur mal zaghaft anfragen wollte, um was es denn gehen könnte, erschrocken hinter seinem Papierkorb in Deckung. Die eigentliche Frage blieb – zumindest in der subjektiven Wahrnehmung der Zielperson – unbeantwortet.

Die meisten Werbemittel wurden von Leuten erstellt oder genehmigt, die sich darauf verlassen, daß die Schönheit oder auch die Lautstärke des Balzgesangs die Braut ins Nest lockt. Dabei wurde die Tatsache völlig ignoriert, daß andere Bewerber ebenfalls ihre Lockrufe verbreiten und die Zielperson sich vor dem allgemeinen Lärm innerlich längst in ihrer eigenen Festung verbarrikadiert und Ohropax eingesetzt hat. Universaler Schutzschild für weitere Liebesbrief-Attacken ist natürlich der Papierkorb.

Schlimmer noch als die richtige »Rundablage« ist aber der Papierkorb im Hirn! Die geistige Wegwerfbewegung wird zum wirksamen Allwetter-Abfangjäger für die zahl- und zahnlosen Frohbotschaften, die jeden Tag von neuem hereingeflattert kommen und wie ein Wiener Oberkellner mit trinkgeldberechnender Beflissenheit um den potentiellen Kunden herumtänzeln.

Übersehen wurde außerdem, daß jeglicher Balzgesang irgendwann einmal einhalten muß, um eine Zustimmung des Umworbenen möglich zu machen.

Viel praktischer, wirksamer und vor allem kostenschonender ist da schon die altbewährte »Heiratsantrags-Taktik«. Wenn Sie Erfahrung mit Heiratsanträgen haben, nun, dann wissen Sie auch, wie das funktioniert. Sie können zwar Geschenke machen, Blumen bringen, Einladungen aussprechen, gemeinsam ausgehen, wieder ausgehen (Eventmarketing heißt das dann). Aber irgendwann – muß es raus! Was Sie wollen! Das, wozu die (oder der) Umworbene *»Ja«* sagen soll, nun, das müssen Sie sie irgendwann mal laut und deutlich fragen!

Und wenn er dann herauskommt, Ihr Heiratsantrag, dann sollte er natürlich nicht so klingen wie bei Loriot (in dem Sketch mit den Spaghetti) – auf werbedeutsch etwa: *»... würden wir gerne möglicherweise vielleicht gegebenen-*

falls – würden wir uns freuen, wenn – sollte unser Angebot Ihre Zustimmung finden – eventuell einem Dialog nähertreten könnten, wollten, dürften, gerne auch kostenlos und unverbindlich, sabber, sabber, sabber.«

Die Spezialisten im Korbeinsammeln, die keiner Zielperson je zu nahe treten würden, denken sich da immer neue Wattepuffer aus.

3. Heiratsantrags-Taktik statt »Balzgesang«

Die einzige Möglichkeit, ein klares »JA« zu erhalten, ist, seine Absichten offenzulegen, seine Vorzüge zu demonstrieren und dann die Frage in aller Deutlichkeit zu stellen.

»Mit diesem Brief« heißt es mit kristallklarer Absicht, »möchte ich Sie als Kunden gewinnen. Ich möchte mich um einen *Auftrag bewerben*.«

Zack. Rien ne va plus. Die Zielperson schluckt, schaut noch mal hin, ob es tatsächlich immer noch dasteht, und meint dann mit zitternder Stimme: »Nun, ähem – lassen Sie mich bitte mal nachsehen, ob wir da einen haben ...«

Nicht jeder hat einen Auftrag. Aber eine Zielperson, die das liest, weiß, woran sie ist. Sie haben ihr ganz genau gesagt, was Sie wollen. Jetzt weiß sie, worauf sie sich einläßt, wenn sie weiterliest. Natürlich wird sie weiterlesen. Jemand, der sagt, was er wirklich will, das ist schon sehr außergewöhnlich.

Es gibt das Gerücht, daß in Deutschland der Beruf des Verkäufers unbeliebt ist. Das ist nicht wahr. Es gibt allerdings eine Menge Verkäufer, die glauben, daß sie ihre wahren Verkaufsabsichten *verbergen* müssen, um zu einem Abschluß zu kommen. Und das ist das Unbeliebte – das Hinter-dem-Berg-Halten, das Um-den-heißen-Brei-Herumreden. Kommen Sie zur Sache, Mann!

Also schön. Jetzt ist er heraus, Ihr Heiratsantrag, jetzt gibt es kein Zurück mehr. Wenn Sie tatsächlich mit Ihrem Werbebrief an diesem Punkt angelangt sind, dann haben Sie praktisch 100% der Neukundengewinnungs-Bewerber-Konkurrenz ausgeschaltet. Bis hierhin kommt fast niemand. Jetzt gibt es im Kopf der Zielperson nur noch Sie und – den Hoflieferanten.

Der ist allerdings ein härterer Brocken. Die Zielperson überlegt sich nun, daß sie das, was Sie ihr anbieten, doch schon seit 19 Jahren für 2 Mark 80 das Kilo vom »Hansi« kauft. Nun ist aber Ihr Angebot auch da. Und Sie scheinen es ernst zu meinen. Da muß man aufpassen. Denn da gibt es vielleicht einen Haken.

Die Zielperson versucht, »den Haken« zu finden. Bei Mitteilungen, die der Zielperson nicht real oder nicht genehm erscheinen, wird sie Gründe suchen, warum es sich dabei um eine Übertreibung, eine Lüge oder um dummes Geschwätz handelt.

Eins steht fest: Sie haben keine Möglichkeit, die Zielperson daran zu hindern, den Haken zu suchen. Nun, soll sie ruhig suchen. Wir haben nämlich (wie könnte es anders sein) die ultimative Hakensucher-Abwehrkanone, den vierten Eckpfeiler der gewinnenden Strategie: unsere Glaubwürdigkeit.

4. Glaubwürdigkeit statt Angabe oder Understatement

Im vorliegenden Fall, nachdem wir mit Personen-Marketing, interessanter Information und der Heiratsantrags-Taktik bis weit hinter die Verteidigungslinien der Zielperson vorgeprescht sind, ist die Herstellung von Glaubwürdigkeit denkbar einfach: Sagen Sie jetzt einfach nichts, was Ihre bereits *maximale* Glaubwürdigkeit wieder kaputtmachen könnte.

Warum sind Sie jetzt maximal glaubwürdig? Sie haben der Zielperson gesagt, wer Sie sind. Eine Person. Eine ganz bestimmte Person. Ernst Eisenberger. Kann die Zielperson daran etwas auszusetzen haben? Wohl kaum. Dann haben Sie ihr einiges Interessantes über sich erzählt. Aus Ihrem Beruf, Ihrem Leben. Etwas, das man sich vorstellen kann. Es ist Ihr Leben, wer sollte widersprechen? Und dann, sozusagen als Blattschuß, haben Sie gesagt, Sie möchten sich um einen Auftrag bewerben. Soll die Zielperson vielleicht hierzu sagen: »Das glaube ich nicht«?

Vollkommen undenkbar. Mit den ersten drei Punkten, *Personen-Marketing, interessante Information* und *Heiratsantrags-Taktik,* sind Sie maximal glaubwürdig. Es gibt keine Steigerung. Es gibt jetzt nur noch Möglichkeiten, diese Glaubwürdigkeit wieder zu zerstreuen. Die gefährlichste davon ist: zu behaupten, daß Sie etwas sind, das Sie nicht wirklich sind. Sie sind vielleicht der Meinung, daß Sie das nie tun. Ich behaupte, was Ihre Werbebriefe angeht, tun Sie das andauernd. Alle tun das.

Es geht los mit dem Wort »wir«. Sie kennen »uns« aus allen Werbebriefen, die Sie erhalten, und wahrscheinlich allen, die Sie selbst geschrieben haben. Meine Frage hierzu an Sie: Hat schon jemals jemand *im Chor* zu Ihnen gesprochen?

Der Chor, der das Wesentliche zusammenfaßt, war ursprünglich eine Einrichtung des Theaters im antiken Griechenland. In der Unternehmenskommunikation besteht die feste Übereinstimmung, daß – ähnlich wie auf dem IBM-Trip – der tatsächliche, lebende Absender eines Briefes durch das hochtrabende, aber verwaschene »wir« zu ersetzen sei, so daß ein einzelner Absender nicht mehr auszumachen ist. Schließlich sind *wir* doch auch eine juristische Person, ein Unternehmen, ein *Haus!* Sind Sie ein Haus? Das erscheint mir seltsam. Ich dachte, Sie sind eine Person. Ein »Haus« zu sein ist vor allem bei der Neukundengewinnung äußerst hinderlich. Warum?

Wir hatten in Teil 1 die Aufgabenstellung so vereinbart, daß neue potentielle Kunden Sie anrufen und sich für das interessieren sollen, was Sie anbieten. Damit haben Sie aber ganz klar den ungeliebten Telefonmarketingjob der Zielperson übergeben. Wenn Sie das selbst schon ausprobiert haben, dann können Sie sich vorstellen, daß es auch für den anderen jetzt nicht leicht ist, eine unbekannte Person anzurufen. Aber es wird noch schwerer, wenn gar keine Person da ist, sondern ein *Haus.*

Sie meinen, Sie haben 50 Mitarbeiter und sind daher ein *Team.* Auch unter einem Team kann sich leider niemand etwas vorstellen. Es ist so etwas Ähnliches wie ein Chor. Es spricht für Sie, wenn Sie viele Mitarbeiter *haben,* aber deswegen *sind* Sie, wenn Sie sich in einem Brief an einen potentiellen Kunden wenden, noch lange kein Team.

Und Ihr Geschäftspartner? Auch das spricht für Sie, wenn Sie Geschäftspartner haben, mit denen Sie sich gut verstehen. Dennoch sind Sie eine Person. Und das ist für die Zielperson noch am ehesten zu verstehen.

Sie *sind* eine Person, möglicherweise *haben* Sie ein Haus, eine Firma, ein Team, 50 Mitarbeiter, einen Geschäftspartner – alles in Ordnung. Bleiben Sie trotzdem eine Person. Sonst verschwinden Sie vor dem subjektiven Auge der Zielperson. Dann kann sie Sie nicht mehr finden und Sie deshalb auch nicht anrufen.

Jeder gute Verkäufer verkauft mit seiner Person. Warum sollte das für die Neukundengewinnung nicht ebenfalls gut sein? Wenn Sie Geschäftsführer eines größenmäßig noch überschaubaren Unternehmens sind, können Sie anhand Ihrer eigenen Kunden überprüfen, daß ich die Wahrheit sage. Ihre besten Kunden kaufen selbstverständlich bei *Ihnen.* Wegen Ihnen. Sie, der Chef, genießen persönliches Vertrauen. Die Kunden kaufen weder bei Ihrer OSÄ GmbH, noch ziehen sie Ihr Produkt aus einem Automaten, den Sie außerhalb Ihres Hauses angebracht haben.

Vermeiden Sie also in Ihrem Brief jede Wendung, die Ihre Person uneindeutig macht oder gar in einer Gruppe von anderen – ebenfalls uneindeutigen Leuten – zum Verschwinden bringen könnte. Bleiben Sie eine Person. Sie werden sehen, eine Person wird man anrufen.

Das gilt sogar, wenn Sie die Anrufe von Neukunden nicht selbst entgegennehmen wollen. Bevor jemand bei Ihnen anruft, muß er sich nämlich die Idee geben, daß er es auch schaffen wird, anzurufen. Und das ist viel leichter, wenn er schon ein bißchen über die Person des Absenders weiß.

Weitere Möglichkeiten, Ihre maximale Glaubwürdigkeit im Kopf der Zielperson wieder zu zerstreuen, haben Sie im Werbetexter-Seminar gelernt. Alles, – ich wiederhole – *alles,* was so klingt, als sei es Werbung, »Werbegesülze«, ist reines Gift für Ihr Personen-Marketing. Wenn Sie sich nämlich so ausdrücken, als hätten Sie einen tollen Werbetexter engagiert, dann sind Sie ja schon wieder nicht mehr da. Der Werbetexter spricht nun an Ihrer Stelle, und ich frage Sie: Kaufen Leute von Werbetextern? Ich persönlich kaufe vom Lieferanten. Wenn der glaubwürdig ist, dann ist mir seine Werbung ziemlich egal.

Werbung gibt es wie Sand am Meer. Das bedeutet nicht, daß Sie keinen Werbetexter engagieren dürfen. Aber wenn der Text dann »werbig« klingt, mit diesen typischen Wendungen und Phrasen, die Sie schon selbst nicht mehr hören können, dann ist Ihr Brief nicht von den vielen anderen zu unterscheiden, welche die Zielperson jeden Tag bekommt. Jeder andere könnte das auch gesagt haben.

Sie brauchen keine Angst davor zu haben, daß Ihr Text möglicherweise nicht sofort einen Literaturpreis gewinnt. Erinnern Sie sich, was ich in Teil 1 über Jurys gesagt habe. Seien Sie einmal so richtig Sie selbst. Der intrazerebrale Internetanschluß mit Gedankenübertragungskanal für jedermann wird ohnehin noch eine Weile auf sich warten lassen. Geben Sie sich »unplugged*«! Sie werden staunen, was Ihnen die Leute antworten.

Wenn Sie das Gefühl haben, Ihr Entwurf klingt wie eine gelungene Werbung – werfen Sie ihn sofort weg.

Jeder Werbetext ist letztlich nur eine Trägerwelle für das, was Sie eigentlich sagen wollen. Nun, dann können Sie auch gleich sagen, was Sie sagen wollen. Sie sollten dabei weder denken, daß Sie sich in einer Art von »Beweisnot« befinden, noch sollten Sie glauben, Sie müßten sich auf irgendeine Weise beim Empfänger einschmeicheln, indem Sie eine besonders geschäftlich klingende Sprache verwenden.

Der Anbieter einer wertvollen Ware gebärdet sich weder als Bittsteller noch wie ein Missionar. Er versucht weder zu überreden noch zu überzeugen, sondern er präsentiert.

Nehmen wir also an, Sie haben es bis hierher geschafft. Das Hakensuchkommando der Zielperson hat keine nennenswerten Erkenntnisse zutage gefördert, die Zielperson hat Ihre Botschaft wahrgenommen. Allerdings benötigt der Empfänger das, was Sie anbieten, derzeit nicht oder nicht so dringend. Er legt Ihren Brief irgendwohin oder heftet ihn ab.

Keine zwei Wochen nachdem dieser Brief abgesandt wurde, tritt unser verkaufspsychologisch supergeschulter

* Zu deutsch: »mit herausgezogenem Stecker«. Kennzeichnet eine wieder in Mode gekommene Art, auf Musikinstrumenten mit keiner oder minimaler elektrischer Verstärkung zu spielen.

Vertriebsspezialist wieder aus seiner Überrumpelkammer, krempelt die Ärmel auf und tut, was so viele in seiner Situation auch tun: *Er telefoniert nach!*

Wenn Sie auch so ungern »nachtelefonieren« wie ich, dann haben Sie das richtige Buch gekauft. Ich selbst habe früher natürlich immer meinen viel zu teuren Werbezusendungen nachtelefoniert und versucht, mit den zwei typischen Standardfragen »Haben Sie meine Zusendung erhalten???« und »Haben Sie da Bedarf???« irgend jemand aus der Reserve zu locken. Die Erfolgsaussichten für eine solche Aktion sind wenig motivierend. Selbst wenn in Ausnahmefällen tatsächlich ein halber Interessent herauskam, stand das Ergebnis in keiner Relation zum Aufwand an Zeit, Nerven und (einen Monat später) Telefongebühren.

Doch woran liegt das eigentlich? Es liegt in der Natur der Sache selbst. Unser supergeschulter Verkaufsmagister ignoriert nämlich in sträflicher Weise den Marktforschungshinweis Nr. 5:

Die Zielperson will nichts verkauft bekommen, sie will kaufen!

Wenn Sie sich noch einmal an die Aufgabenstellung vom Teil 1 erinnern: Die Zielperson soll freiwillig und *von sich aus* bei Ihnen anrufen und sich für das interessieren, was Sie anbieten. Nun, wenn Sie ihr damit immer zuvorkommen, indem Sie nachtelefonieren, dann kann sie das doch gar nicht tun. Sie lassen sie ja nicht! Wie soll sie von sich aus bei Ihnen anrufen, wenn Sie ihr keine Gelegenheit dazu geben?

Bedenken Sie bitte: Wir befinden uns noch gar nicht im Verkauf (mit einer einzelnen Zielperson), wir befinden uns noch im Stadium der Werbung an eine Zielpersonensorte. Mit einer Sorte können Sie kein Verkaufsgespräch führen.

»Hard Sell«, wie es im Verkaufsschulungs-Slang so schön heißt, ist hier vollkommen unangebracht. Das heben Sie sich mal hübsch für später auf, wenn Sie die einzelne, individuelle Zielperson vor der Flinte haben.

Statt draufloszuballern, sobald im Gebüsch nur ein Hamster raschelt, verwenden Sie für die augenblickliche Situation einen wesentlich gnadenloseren Akt und damit den strategischen Eckpfeiler Nr. 5:

5. Sendepause statt »Hard Sell«

Sendepause im Marketing – was soll das schon wieder? Hier hilft uns eine Anleihe aus der Verkaufstechnik. Jeder wirklich gute Verkäufer sollte wissen, was eine Abschlußfrage ist. Eine Abschlußfrage ist *jede Frage, deren Beantwortung uns dem Abschluß näher bringt.*

Zum Beispiel fragt der Autoverkäufer den potentiellen Kunden: »Möchten Sie lieber eine Metalliclackierung oder normale Lackierung?« In dem Augenblick, da der Kunde das beantwortet, hat er schon fast bestellt. Der Verkäufer stellt also solche Abschlußfragen. Und dann?

Dann hält er sein loses, gottverdammtes Maul!!! Er macht seine Futterluke fest zu und hält so lange dicht, bis der Kunde etwas gesagt hat. Denn er sollte wissen: *Es gibt keinen größeren Verkaufsdruck als das Vakuum.*

Das Vakuum im Verkauf funktioniert genauso wie das Vakuum im physikalischen Universum. Leute können es nur äußerst schwer ertragen. Es zerrt in furchtbarer Weise an den Nerven. Unerträgliche Stille. Niemand sagt etwas. Je länger es dauert, desto dringender fühlen Leute sich bemüßigt, in diese leer gelassene Stelle etwas hineinzutun. Und das müssen Sie, der Verkäufer, unbedingt dem Kunden überlassen.

Wenn Sie nämlich aus falsch verstandenem missionarischem Eifer immer selbst wieder dazu übergehen, das Vakuum zu füllen, nun, dann erhält der Kunde keine Chance, jemals zu kaufen. Er verläßt Ihren Laden, den Kopf voll mit Ihrem Verkaufsgequassel, um sich »das Ganze noch mal zu überlegen«. Dasselbe gilt natürlich auch für Ihren Brief. Er kann nicht von sich aus darauf reagieren, wenn Sie ihn nicht lassen!

Können Sie sehen, was für fatale Folgen das Nachtelefonieren tatsächlich hat? Sie erreichen das Gegenteil von dem, was Sie wollten. Und doch gibt es alle möglichen Lehrbücher, die Ihnen diesen Nervenstreß als eine absolut unerläßliche, akquisitionstaktisch hochgradig intelligente Aktion ans Herz legen.

Nein, das ist nicht der Weg. Auch hier haben wir wieder ein altes, absolut wirksames Hausmittel, um an unser Ziel zu gelangen. Wir haben die Reaktion unserer Zielperson vollkommen in der Hand, wenn wir uns an die Beobachtung Nummer 6 erinnern:

Die Zielperson wird nach dem Prinzip der »Arbeitsvermeidung« handeln.

Und in diesem Bewußtsein betätigen wir nun erbarmungslos den Abzug unseres Marketing-Repetiergewehrs, indem wir den 6. Eckpfeiler der gewinnenden Strategie zur Anwendung bringen:

6. Kontinuität statt Originalität

Das Prinzip der Arbeitsvermeidung besagt, daß die Zielperson Ihre erste Zuschrift leicht ignorieren kann. Ja, es ist ganz interessant, aber sie hat anderes zu tun, und das Tagesgeschäft hält sie in Atem. Nun gut, sechs Wochen später erhält sie einen weiteren Brief von Ihnen, schaut darauf und denkt: »Schon wieder der? Hm, na ja, ist ja auch vielleicht ganz interessant, aber …« Auch dieser Brief wird irgendwo abgelegt. Nach sechs Wochen – dritte Zuschrift: »Schon wieder der?? Also, das ist ja wohl schon ein bißchen penetrant …« Nach weiteren sechs Wochen, nur leicht abgewandelt (das Datum ist anders), ein weiterer Brief: »Also das ist doch … Jetzt muß ich ihn doch mal anrufen und herausfinden, was da eigentlich dahintersteckt.« Die Zielperson ruft Sie an und sagt: »Ja, Herr Eisenberger, Sie haben uns ja da geschrieben – schon mehrmals übrigens – und – äh, nun, steter Tropfen höhlt den Stein, heißt es ja – haha, und – tja, da bin ich nun!«

Ich würde das nicht geschrieben haben, hätte ich nicht selbst solche Anrufe erhalten. Das Prinzip der Arbeitsvermeidung hat eine wirklich verblüffende Wirkung. Die Zielperson bekommt mit der Zeit mit, daß jemand mit ihr kommunizieren will. Sie merkt, der meint es ernst. Da muß etwas dahinterstecken. Sie muß anrufen (und sei es, damit Sie aufhören, ihr Briefe zu schicken). Ich habe Absageschreiben von Zielpersonen immer aufgehoben und in einem Ordner gesammelt, denn ich denke, es ist auf jeden Fall eine Antwort, eine Kommunikation, die besser ist als keine Kommunikation.

Sie meinen vielleicht, es ist etwas verkehrt, wenn Sie riskieren, jemandem durch wiederholte Zusendungen tatsächlich ordentlich auf den Wecker zu gehen. Nun, das Schlimmste, was Ihnen passieren könnte, ist, daß sich niemand über Ihre Briefe aufregt. Dann sollten Sie sich ernsthaft Sorgen machen. Es bedeutet nämlich, daß niemand die Briefe bemerkt.

Nein, es ist nichts Schlimmes daran, wenn sich die eine oder andere individuelle Zielperson ereifert. Es ist eher ein gutes Zeichen. Außerdem halten sich die aktiven Beschwerdeführer erfahrungsgemäß stark in Grenzen. Ich habe für mein Seminar innerhalb eines halben Jahres 100 000 Briefe verschickt und nur etwa 15, also 1,5 Promille, wirklich boshafte oder unflätige Antworten erhalten (man wundert sich, daß die Leute sich überhaupt die Mühe machen). Im gleichen Zeitraum haben sich ungefähr 1000 Leute für das Seminar angemeldet (etwa fünf- bis zehnmal soviel, wie bei reinen Versendergeschäften, also ohne aktiven Verkauf, erwartet wird).

Verfallen Sie nicht der Versuchung, originell zu sein und jedesmal mit einer neuen Zirkusnummer daherzukommen. Halten Sie sich an Kontinuität. Es ist billiger und bringt mehr.

Abwechslung ist unterhaltsam, Kontinuität ist wirksam. Es ist die einzige Methode, dem Kunden die Sicherheit zu geben, daß der Würstelstand noch da ist, wenn er kommt.

Es gibt hier nämlich eine weitere, sehr verbreitete Übereinstimmung in dieser Gesellschaft. Leute *lieben* Kontinuität. Und nichts verunsichert sie so sehr wie das Gegenteil – Diskontinuität. Erinnern Sie sich an Coca-Cola und die panische Reaktion des Konzerns auf die vermeintliche Bedrohung durch den Pepsi-Test. Die heilige Coca-Cola-Geschmacksformel wurde verändert, und danach, obwohl 200 000 Geschmackstests die bessere Qualität von New Coke bestätigten, sausten die Verkaufszahlen kamikazeartig in den Keller.

Machen Sie ein einfaches Gedankenexperiment mit sich selbst: Stellen Sie sich vor, Sie sitzen eines Morgens am Frühstückstisch und schlagen Ihr Frühstücksei auf. Zum Vorschein kommt nicht etwa der erwartete Dotter, sondern ein leckerer Hering (keine Kontinuität zu früheren Frühstückseiern). Ich glaube kaum, daß Sie jetzt kommentarlos dazu übergehen würden, den Hering zu prüfen, ob er frisch ist und gut schmeckt. Nein! Sie würden augenblicklich annehmen, daß mit diesem Ei etwas nicht in Ordnung ist. Einfach aufgrund der unerwarteten Diskontinuität. Sie würden das Ei zum Supermarkt zurücktragen (sehr wahrscheinlich würden Sie auch annehmen, daß mit dem ganzen Supermarkt etwas nicht stimmt) und sich beschweren. Und der Filialleiter schaut Sie entgeistert an und sagt: »Kennen Sie das noch nicht? Das ist die neueste Entwicklung auf dem Markt – Genmanipulation!« (Lieber nicht!)

In diesem Augenblick haben Sie den Beweis, daß Sie bestimmte Dinge einfach deshalb kaufen, weil Sie jeden Morgen dasselbe vorzufinden wünschen. Kontinuität. Leute sagen auch Zuverlässigkeit dazu.

Wenn Sie das auch auf Ihre Briefe anwenden, dann werden sich die Zielpersonen auch daran gewöhnen, von Ihnen Briefe zu erhalten. Natürlich können Sie diese Briefe immer wieder verändern und aktualisieren. Aber achten Sie darauf, daß Ihr Anliegen immer noch das gleiche ist: Sie möchten die Zielperson als Kunden gewinnen und einen Auftrag erhalten.

Hören Sie einfach nicht auf, den Zielpersonen Ihre Briefe zu schicken, und denken Sie an Punkt 7:

Die Zielperson gewinnt mit etwas mehr Zeit und einigen Wiederholungen Vertrauen auch zu den Dingen, die ihr erst noch neu und ungewohnt waren.

Das wird unweigerlich eintreten. Der strategische Eckpfeiler Nummer 7 lautet daher:

7. Langfristiger Trend statt spektakuläre Strohfeuer

Vergessen Sie die Modeströmungen, die so gerne von den Medien als »Trends« präsentiert werden. Das sind keine echten Trends, sondern Strohfeuer von kurzer Dauer. Wäre es anders, müßten sie nicht so hochgejubelt werden. Ein

Trend zeichnet sich dadurch aus, daß er nicht im Blätterwald rauscht. Er ist wie Ebbe und Flut, deren Bewegung man nicht wahrnimmt, doch deren Wirkung nach einiger Zeit unübersehbar ist.

Der einzige langfristige Trend, um den Sie sich daher wirklich kümmern müssen, sind *Sie selbst!* Sie, die Person, sind es, die diesen langfristigen Trend ausmacht.

Und hier schließt sich der Kreis zum Punkt 1, Personen-Marketing. Sie, die Person, sind der Garant für die größtmögliche Kontinuität, die Sie selbst herstellen können. Oder sind Sie etwa nicht das Langfristigste in Ihrem Leben?

Eine Person ist ein Traditionsunternehmen, mit dem Sie die größtmögliche Kontinuität aufrechterhalten können. Und Leute lieben Kontinuität.

In einer schnellebigen, hektischen Zeit, in der ständiger Wandel das einzig Vorhersagbare zu sein scheint, ist Ruhe Mangelware, und die Menschen sehnen sich in zunehmendem Maße nach langfristiger Kontinuität.

Sie selbst als zentraler Stützpfeiler

Das sind sie, die sieben Eckpfeiler der gewinnenden Strategie. Bauen Sie auf Ihre Person als die zentrale Stütze Ihrer Unternehmenskommunikation zum Zweck der Neukundengewinnung.

Sie, die Person, sind das Beste an Ihrem Unternehmen *(Personen-Marketing statt Produktpräsentation).*

Sie sind das Interessanteste in Ihrem Laden *(interessante Information statt originelle Infiltration).*

Sie sind die verantwortliche Stelle, mit der man wirklich etwas vereinbaren kann *(Heiratsantrags-Taktik statt Balzgesang).*

Sie sind das Glaubwürdigste an Ihrer Firma.

Und wenn Sie nicht aufhören, Kommunikationen an Ihre Zielpersonensorte auszusenden, dann werden Sie auch in den Köpfen der Zielpersonen das Langfristigste sein.

Auf den folgenden beiden Seiten sind die sieben Aussagen über die Zielperson und die sieben Eckpfeiler der gewinnenden Strategie noch einmal gegenübergestellt.

Sieben Aussagen, die wir mit Sicherheit über jede Zielperson für jede Akquisition machen können:

1. Die Zielperson leidet unter Kommunikationsüberflutung. Durch die teils widersprüchliche Vielfalt des Angebots ist sie desorientiert und nicht selten verwirrt.

2. Die Zielperson weiß nichts oder fast nichts über den Absender. Sie glaubt nicht, daß sie durch Werbung etwas Wahres über den Absender erfährt.

3. Die Zielperson will wissen, was der Absender will. Sie will es aber nicht erraten, sondern erfahren.

4. Die Zielperson versucht, »den Haken« zu finden. Bei Mitteilungen, die der Zielperson nicht real oder nicht genehm erscheinen, wird sie Gründe suchen, warum es sich dabei um eine Übertreibung, eine Lüge oder um dummes Geschwätz handelt.

5. Die Zielperson will nichts verkauft bekommen, sie will kaufen!

6. Die Zielperson wird nach dem Prinzip der »Arbeitsvermeidung« handeln.

7. Die Zielperson gewinnt mit etwas mehr Zeit und einigen Wiederholungen Vertrauen auch zu den Dingen, die ihr erst noch neu und ungewohnt waren.

Die sieben Eckpfeiler der gewinnenden Strategie:

1. **Personen-Marketing statt Produktpräsentation**
   »Ein Produkt, das man nicht kennt, kauft man zur Sicherheit von einer Person, die man kennt.«

2. **Interessante Information statt originelle Infiltration**
   »Aufmerksamkeitsstarke Werbung mit unverständlichem oder keinem Inhalt erhält Aufmerksamkeit, aber keine Reaktion.«

3. **Heiratsantrags-Taktik statt »Balzgesang«**
   »Die einzige Möglichkeit ein klares ›Ja‹ zu erhalten, ist, seine Absichten offenzulegen, seine Vorzüge zu demonstrieren und dann die Frage in aller Deutlichkeit zu stellen.«

4. **Glaubwürdigkeit statt Angabe oder Understatement**
   »Der Anbieter einer wertvollen Ware gebärdet sich weder als Bittsteller noch wie ein Missionar. Er versucht weder zu überreden noch zu überzeugen, sondern er präsentiert.«

5. **Sendepause statt »Hard Sell«**
   »Es gibt keinen größeren Verkaufsdruck als das Vakuum.«

6. **Kontinuität statt Originalität**
   »Abwechslung ist unterhaltsam, Kontinuität ist wirksam. Es ist die einzige Methode, dem Kunden die Sicherheit zu geben, daß der Würstelstand noch da ist, wenn er kommt.«

7. **Langfristiger Trend statt spektakuläre Strohfeuer**
   »In einer schnellebigen, hektischen Zeit, in der ständiger Wandel das einzig Vorhersagbare zu sein scheint, ist Ruhe Mangelware, und die Menschen sehnen sich in zunehmendem Maße nach langfristiger Kontinuität.«

5. Kapitel

Ihr eigenes Personen-Marketing

»Nicht weil es schwer ist, wagen wir's nicht, sondern weil wir's nicht wagen, ist es schwer.«

Lucius Annaeus Seneca (4 v. Chr. – 65 n. Chr.), römischer Philosoph und Dichter

Weise Worte des antiken Philosophen Seneca geleiten uns in das nächste Kapitel, auf den Prüfstand sozusagen, wo sich herausstellen wird, ob Sie wirklich gerne viele neue Kunden haben möchten. Denn jetzt geht es an die praktische Umsetzung. Die nun folgenden Punkte 1 bis 12 sind die angekündigte Gebrauchsanleitung – zusammengestellt aus dem Gesichtspunkt der Praxis, nicht etwa im Elfenbeinturm eines subventionierten Lehrinstituts.

Gleich am Eingang für die nun folgende Übung lauert wieder einmal ein ganzes Rudel dieser Gehirnviren, um uns davon abzuhalten, diese Schwelle zu übertreten.

Warum Selbstlob wirklich stinkt

Jeder spürt es irgendwo, kaum einer glaubt es, und niemand wendet es wirklich konsequent an: »Bescheidenheit ist eine Zier, doch weiter kommt man ohne ihr.«

Obwohl der Volksmund hier in grammatikalisch unbekümmerter »Reim-dich-oder-ich-fress'-dich«-Manier den passenden Kommentar bereithält, beschleicht den »soliden Kaufmann« doch eine gewisse Nervosität, wenn es darum geht, die eigenen Vorzüge anzupreisen oder gar seine Person lobend zu erwähnen und in den Vordergrund zu stellen.

Auch hier haben unsere Erziehung durch Eltern, Lehrer und nicht zuletzt die gesellschaftlichen Übereinstimmungen ihre Wirkung getan. Beobachten Sie es in der Praxis, indem Sie anderen zuhören. Es ist für die meisten unmöglich, etwas Gutes über sich selbst zu sagen, ohne nicht im selben Satz das Gegenteil zumindest einzuräumen.

Für uns züchtige Pfarrerstöchter hingegen bleibt es bei dem mulmigen Gefühl, daß eine ausschließlich positive Äußerung über uns selbst, die wir uneingeschränkt im Raum stehen lassen, leicht als Angeberei oder gar Anmaßung ausgelegt werden könnte. So etwas tut man doch nicht!

Als ich selbst damit anfing, Personen-Marketing für mich anzuwenden, war ich natürlich ebenfalls gezwungen, über dieses Problem nachzudenken. Man muß doch für sich Reklame machen können, man muß doch etwas Gutes über sich sagen können, dachte ich mir. Was ist es genau, was den Empfänger denken läßt, ich sei ein unbescheidener Angeber? Schließlich kam ich darauf. Der Schlüssel liegt – wieder einmal – bei den besonderen Verdrahtungen im modernen, von der westlichen Kultur vorprogrammierten und zeitgeistgequälten Kopf der Zielperson.

Alle Gegenstände, die uns umgeben, sind auf irgendeine Weise eine Kombination von physischer Materie und gedanklichem Inhalt. Wenn Sie einen Kugelschreiber in der Hand halten, dann spüren Sie einen Gegenstand. Er hat ein Gewicht, es ist eine Masse, die Sie anfassen können. Es ist nicht besonders kompliziert. Die Idee, die in dem Kugelschreiber drinsteckt, erfahren Sie erst, wenn Sie sich vorstellen, mit ihm zu schreiben. Er macht einen blauen Strich auf einem Papier, das Sie darunterhalten. Diese Bedeutung – »Schreiben« – ist etwas Hinzugefügtes, das nur mit der Materie allein nicht vollständig erklärt wird. Der Zweck einer Sache ist eine Bedeutung, der Zusammenhang vieler Details kann eine Bedeutung sein. Mathematik und Philosophie arbeiten zum großen Teil mit reinen Bedeutungen, ohne irgendetwas zum Anfassen.

Als lebendiger Mensch kennen Sie bestimmt das Gefühl, das Sie beschleicht, wenn Ihnen ein Lehrstoff zu theoretisch wird. Sie fühlen sich unwohl, weil Sie das Gefühl dafür verloren haben, was die Sache, mit der Sie sich gerade befassen, denn mit dem »richtigen Leben« zu tun hat. Es ist schwer zu begreifen – allein das Wort »begreifen« drückt den Wunsch nach etwas tatsächlich Anfaßbarem aus.

In der modernen westlichen Gesellschaft können Sie ohne Mühe einen Zustand beobachten, der für die Umgebung einer jeden Zielperson zutrifft und sich so beschreiben läßt: Überfluß an Theorie, Mangel an Konkretem, Anfaßbarem. In jedem Büro gibt es viele Bücher, Ordner und Papiere, voll mit Bedeutungen. Im Computer, einem kleinen Kästchen mit wenigen Kilogramm Gewicht, sind Milliarden von Schaltungen verteilt, in einer unendlichen Vielfalt von Kombinationen, von denen jede einzelne fast nichts wiegt, aber ihre spezifische und vor allem wichtige Bedeutung hat.

Wenig Masse, viel Bedeutung. Schon bevor jemand in das Berufsleben eintritt, wird er in der Schule mit einer überwältigenden Menge von Symbolismus bombardiert, und es wird ihm gesagt, daß er sich das alles merken soll.

Dieser Bedeutungsüberhang bereitet den Menschen mitunter ziemliche Kopfschmerzen, doch da sie es oft gar nicht anders kennen, ertragen sie es eben, solange es geht.

Manchmal wird es allerdings zuviel. Ein Ausgleich muß her. Alle Heimwerker-Hobbys, Wandern, viele Sportarten sind dazu geeignet, dem bedeutungsüberfrachteten Hirn ein Ventil zum Abbau des Ungleichgewichts zwischen Theorie und »richtigem Leben« zu verschaffen, weil das Verhältnis bei Aktivitäten wie zum Beispiel dem Bergsteigen auf erleichternde Weise umgekehrt ist: viel Materie – der Berg, und wenig Bedeutung – vielleicht ein Pfeil mit der Aufschrift »Gipfel«. Der Berg selbst ist viel größer als das Schild und steht einfach in der Landschaft – ohne Versicherungsausfall-Ersatzhaftpflichtbescheinigung, ohne allgemeine Geschäftsbedingungen, ohne Bar-Code, ISO-9000-Zertifikat, Kosten-Nutzen-Exposé über die nächsten 40 Jahre, Ausfallhonorarregelung oder ein Organisationsdiagramm, das ein Bergsteiger erst beschaffen und durcharbeiten muß, bevor er seinen Sonntagsspaziergang machen darf.

Im normalen Berufsleben ist unsere Zielperson aber mit der Situation konfrontiert, daß sie sich – als logische Fortsetzung ihrer Schularbeiten – mit einem Überhang an Bedeutung beschäftigen muß. Das Ergebnis ist ein zunehmender Widerwille, sich mit weiteren theoretischen Betrachtungen überhaupt zu befassen, sofern es nicht unbedingt erforderlich ist.

Der wahre Grund, warum man geneigt ist, eine positive Äußerung eines Menschen über sich selbst als Angeberei zu bezeichnen, liegt in der Aussage Nr. 4 über die Zielperson:

Die Zielperson versucht, »den Haken« zu finden. Bei Mitteilungen, die der Zielperson nicht real oder nicht genehm erscheinen, wird sie Gründe suchen, warum es sich dabei um eine Übertreibung, eine Lüge oder um dummes Geschwätz handelt.

Nicht real! Die meisten positiven Äußerungen, die wir aus Werbebriefen kennen, sind so allgemein gehalten, daß die Zielperson sich nichts vorstellen kann. Sie enthalten ausschließlich Bedeutung und keine oder fast keine Masse. Und schon setzt bei der Zielperson das vertraute Kopfweh ein.

»Zu unseren Kunden zählen viele erste Adressen verschiedenster Branchen, darunter zahlreiche internationale Unternehmen wie BMW, Siemens, IBM u.v.a., für die wir bei z. T. kompliziertesten Anforderungen die unterschiedlichsten Aufträge in allen denkbaren Größenordnungen abgewickelt haben.«

Kennen Sie das? Laber, schwätz, sülz. Ich, der Empfänger eines solchen Statements, kann mir *nichts,* aber auch gar nichts darunter vorstellen. Und was ist meine erste Reaktion? So ein Angeber! Zack – melde gehorsamst: Hakensuchprogramm erfolgreich abgeschlossen, Mitteilung des Antragstellers vorschriftsgemäß nach Ablage »P« verbracht.

Wenn Sie auch nur den bescheidensten Job, den Sie für die hinterletzte Dachkammerfirma ausgeführt haben, so beschreiben, daß der Leser sich *irgend etwas* vorstellen kann, dann wird jeder von Ihrer Zuverlässigkeit und Kompetenz überzeugt sein und niemand auf die Idee kommen zu behaupten, Sie seien ein Angeber. Zum Beispiel so:

»An einem nebligen Novembermorgen ging ich über die Straße, um mir Zigaretten zu holen. Dort begegnete ich Herrn Raffelswald, dem Geschäftsführer der Rumpelstilzchen GmbH. Rumpelstilzchen stellt diese schönen Gartenzwerge her, welche Sie in vielen Vorgärten unseres Städtchens bewundern können. Herr Raffelswald erzählte mir sein Problem, und ich hörte ihm aufmerksam zu. Das freute ihn, und er schlug vor, daß wir unser Gespräch in seinem Büro fortsetzten. In der Folgezeit arbeitete ich insgesamt fünf Lösungsvorschläge aus, die ihm sehr gefielen. Einer nach dem anderen wurde umgesetzt, und die Rumpelstilz-

chen-Zwerge sind heute die bekanntesten im ganzen Landkreis. Herr Raffelswald hat mich seither jedes Jahr zu seiner privaten Geburtstagsfeier eingeladen, und – es versteht sich von selbst – in meinem Garten steht nun das ganze Rumpelstilzchen-Gartenzwergsortiment – lauter Geschenke des Unternehmens.«

Sehen Sie? Sie haben nur Positives über sich erzählt. Dabei haben Sie noch nicht einmal mit einem Wort erwähnt, was eigentlich an Ihrer Lieferung oder Lösung so besonders war (das wäre ohnehin wieder Produktpräsentation gewesen). Der wirkungsvolle Kunstgriff: Sie haben es aus der Sicht der Person erzählt, die den Nutzen Ihrer Leistung zu spüren bekam: des Geschäftsführers Raffelswald. Die Tatsache, daß Ihre Leistung *für ihn* offensichtlich eine Lösung war, ist viel wichtiger als die Leistung selbst.

Auf jeden Fall kann die Zielperson sich unter einem solchen Bericht irgend etwas vorstellen. Es ist konkret und begreifbar. Das Kopfweh der Bedeutungsüberfrachtung verschwindet. Darüber freut sie sich normalerweise so sehr, daß sie vergißt, die Mitteilung zu kritisieren.

Wie man sich selbst lobt, ohne zu stinken

Hier haben wir also den Unterschied: Alles Allgemeine, Unkonkrete, Schwammige, Unverständliche, nicht mit konkreten Beispielen Belegte – alles, was sich Ihre Großmutter nicht mehr vorstellen kann ist: *An-ge-be-rei!!!* Also im Prinzip alles, was in den üblichen Werbebriefen an Positivem über das Unternehmen gesagt wird.

Eine wirkungsvolle Botschaft, die Gutes über Sie, den Absender, vermittelt, und die die Zielperson leicht bereit ist zu akzeptieren, muß *verstanden werden können.* Testen Sie es einfach an Ihrer Großmutter. Man nennt das »gute PR«. Und gute PR ist nichts anderes als eine *exakte, akzeptable Wahrheit.*

Auf diese Weise müssen Sie nun Ihr eigenes Leben untersuchen. Damit Sie genügend Stoff haben, um einen Brief mit exakter, akzeptabler Wahrheit schreiben zu können, ist es sehr zu empfehlen, zunächst eine Stoffsammlung zu machen, welche die *exakte Wahrheit* enthält. Was davon *akzeptabel* ist und was nicht, das werden wir später entscheiden. Fangen Sie jetzt also nicht an, mit der Schere in Ihrem Kopf herumzuschnippeln und alle möglichen Gedanken und Erinnerungen zu zensieren. In die Stoffsammlung kommt *alles* rein, was Sie *jemals* an Gutem getan haben. O ja. Es ist ein bißchen Arbeit. Aber so ist das nun mal mit den Dingen, die nachher eine Belohnung bringen sollen.

Und worum geht es in der Stoffsammlung? Nun, um Sie natürlich, die Person. Es handelt sich um eine vollständige Stoffsammlung zu Ihrer persönlichen Biographie, erstellt unter der Maßgabe, daß sie nur Gutes über Sie enthält. Es gibt gute Aspekte in der schlimmsten Versagenssituation. Nobody is perfect. Wenn Sie in einem Bereich eine harte Zeit durchzustehen hatten, dann sind Sie eben in dieser Hinsicht jetzt »sehr erfahren«. Wenn Sie meinen, daß Ihnen nichts Gutes oder Besonderes zu Ihrem Leben einfällt, dann denken Sie einfach daran, daß die Tatsache, daß Sie immer noch da sind, eine Folge davon ist, daß Sie bisher mehr richtig als falsch gemacht haben müssen.

Es ist der Gesichtspunkt, aus dem Sie schauen, der die Dinge bewertet, nicht die Dinge selbst. Für welche Personen in Ihrem Leben haben Sie einen Nutzen dargestellt? Nutzen gibt es viele, nicht nur das Geld. Hat etwas, das Sie gemacht haben, irgend jemand anderem gefallen oder in einer bestimmten Situation geholfen? Wie hat sich das geäußert? Wurden Sie von einem Auftraggeber wieder beauftragt? Das allein kann schon ein Hinweis darauf sein, daß der Kunde Ihre Arbeit als nützlich empfunden hat.

Sie glauben, das sei alles selbstverständlich? Nun, das mag für Sie selbst gelten. Ihr eigener Ehrenkodex ist Ihre Sache. Doch im Kopf der Zielperson, wo jedes unbekannte neue Angebot, das gut klingt, nach Haken und Fallen abgesucht wird, ist überhaupt nichts selbstverständlich.

Sie sagen, vieles sei schon so lange her und nicht mehr aktuell. Na und? Sind Sie inzwischen ein mieser, unzuverlässiger Betrüger geworden? Es geht nicht um Aktualität, es geht um die Begreifbarkeit Ihrer Person. Wenn die Zielperson Ihre Person begreifen kann, dann sind Sie in Ordnung. Und das ist die einzige Chance, damit diese Zielperson Sie anrufen kann. Sie müssen einfach nur in Ordnung sein. Ungefährlich, wenn Sie so wollen.

Setzen Sie sich also mit einem großen Milchkaffee an den Schreibtisch, und machen Sie eine Stoffsammlung anhand der folgenden vier Punkte.

Die wichtigen Punkte für die Stoffsammlung zu Ihrer persönlichen Biographie

1. Übereingestimmte Stationen des Lebenswegs

Übereingestimmt bedeutet, daß eine gesellschaftliche Übereinstimmung besteht – also die Stationen, die man auch in einer Bewerbung für eine Stelle angeben würde. Aber vollständig! Alles, was man gemacht hat, unabhängig von der Branche, in der man jetzt tätig ist oder sein möchte. Auch Hobbys, Kurse, Spezialfähigkeiten etc. Alle Abschlüsse, Zertifikate, Ausbildungen ohne Zertifikate, Berufserfahrungen usw.

2. Produkte
Alles, was man geschaffen hat. Aufträge erledigt, Projekte durchgezogen, Kunden gewonnen, Firmen gegründet, Titel errungen, Preise gewonnen, Auszeichnungen erhalten. Produkte, die man fertiggemacht hat oder an deren Fertigstellung man beteiligt war. (»Zusammen mit dem Zukunftsforscher Hubertus Faulschlamm erarbeitete ich im Jahr 1704 die endgültigen Regeln für den Designwettbewerb ›Die gläserne Mülltonne‹ …«) Natürlich auch die Produkte, die man in der Branche hergestellt hat. Was ist mit diesen Produkten, warum sind die gut? Was ist daran gut? Was ist am Auftraggeber gut oder wertvoll? Fand der Auftraggeber das gut? Was war die Folge? Gab es weitere positive Resonanzen, möglicherweise von einer wichtigen Person?

3. »Superlative«
Alle »Schneller-höher-weiter«-Geschichten. Alles, was sich nur irgendwie PR-mäßig ausschlachten läßt. Auch wenn es mit dem jetzigen Beruf überhaupt nichts zu tun hat. Alle Bestleistungen, auch an den Haaren herbeigezogene. Alle Namen, für die man gearbeitet hat oder mit denen man sonstwie in Verbindung stand. Auch unwichtig erscheinende Details. Hat eine Person, für die man gearbeitet hat oder bei der man gelernt hat, ihrerseits Superlative vorzuweisen? (»1834 arbeitete ich als Kabelträger für Herbert Hoppelberger, der gerade in diesem Jahr seinen Roman ›Allein im Wald‹ veröffentlicht hatte – dieses Werk sollte sich 150 Jahre später als absoluter Megabestseller auf der Liste der ›New York Times‹ wiederfinden. Herr Hoppelberger war sehr zufrieden mit mir, und durch seine Empfehlung wurde ich schließlich in den erlauchten Club der Freunde der italienischen Oper aufgenommen …«)

4. Anekdotisches, Originelles,
»der Schwanz, der mit dem Hund wedelt«
Auch wenn es bedeutungslos oder unwichtig erscheint: alles Ungewöhnliche, Ausgefallene. Auch an den Haaren Herbeigezogenes oder Verrücktes, selbst wenn man das Gefühl hat, es könnte negativ sein. Macht nichts, ist ja nur für die Stoffsammlung. (»Schon als Klassensprecher hatte ich die Angewohnheit, in der Schülerzeitung Glossen und allerlei Unverständliches zu veröffentlichen. Das wurde mir natürlich verboten, aber jene Ausgaben der Schülerzeitungen wurden später, nach der Pensionierung des Direktors, selbst unter den Lehrern als Sammlerstücke zu überhöhten Preisen gehandelt ...«)

Recherchieren Sie über sich wie ein Journalist

Ihre Stoffsammlung sollten Sie immer wieder durchgehen und ergänzen nach der Methode der *»Journalisten-Ws«:* Beschreiben Sie konkrete Begebenheiten. Beschreiben Sie sie so konkret, exakt und vollständig wie möglich. Beantworten Sie bereits hier bei der Stoffsammlung die Fragen nach dem *Wer, Wann, Wie, auf welche Weise, Warum* so detailliert wie möglich. Auch jemand, der Sie noch nie gesehen hat und Sie gar nicht kennt, muß sich etwas vorstellen können. Selbst unwichtige Details (zum Beispiel der »neblige Novembermorgen« in der obigen Gartenzwergstory), die vielleicht mit dem Kern der Sache gar nichts zu tun haben, können helfen, dem Leser das Gefühl zu geben, daß diese Dinge wirklich passiert sind, und vor allem, daß er etwas versteht und sich etwas vorstellen kann.

Dabei ist es im Stadium der Stoffsammlung vollkommen unwichtig, ob Sie der Meinung sind, daß Sie das später in

Ihrem Brief verwenden können oder nicht. Machen Sie sich darüber jetzt noch keine Gedanken. Auf gar keinen Fall schon an dieser Stelle mit der berühmten Schere im Kopf herumschnippeln!

Sie sollten an dieser Stoffsammlung mindestens so lange arbeiten, bis Sie das ehrliche Gefühl haben, daß Sie als erstes Ihre Preise erhöhen müssen. (Möglicherweise haben Sie schon lange dieses Gefühl, aber wenn Sie diese Stoffsammlung fertig haben, dann sollten Sie vollkommen davon überzeugt sein.)

Und nun, bevor wir dazu übergehen, den Brief zu schreiben, kommt die Stunde des Strategen. Wir beginnen nämlich jetzt mit dem Punkt 1 von insgesamt zwölf Punkten, die das exakte Verfahren des Personen-Marketing ausmachen.

Was ist die richtige Strategie für Sie?

1. Definieren Sie Ihr Angebot

Sie erinnern sich an die Strategie: Zuerst das Schlachtfeld eingrenzen, damit Ihr Werbefeldzug auch mit einem begrenzten Budget erfolgreich sein kann.

Für diesen Punkt benötigen Sie ein bißchen strategische Phantasie. Gerade mit einem begrenzten Budget können Sie sich nicht auf die Standardvorgehensweise der Tonträgerindustrie verlassen: Bei einer genügend großen Anzahl von Versuchen wird schon ein Treffer dabeisein. Dann schicken Sie mal dieser, mal jener Zielgruppe etwas, Sie probieren dieses Sonderangebot oder jenen Kaufanreiz. Bevor Sie das große Los ziehen, haben Sie Ihr Budget verbraucht – ohne nennenswerten Effekt natürlich.

Es erfordert manchmal einiges Nachdenken, um auf die

richtige Strategie zu kommen, während Sie Ihre Nase im Wind halten und beobachten, was um Sie herum vor sich geht. Ein Neukunde, den Sie für sich gewinnen möchten, stellt, militärisch betrachtet, eine gutverschanzte Festung dar. Er hat seine Hoflieferanten – seine Lösung für den Bereich, in dem Sie anbieten möchten, und seinen Papierkorb – seine Lösung für alle übrigen Bewerber. Wenn Sie diese verschanzte Festung angreifen wollen, dann müssen Sie über das offene Feld darauf zurennen. Wenn Sie dann vor der Festung stehen und Sie fangen jetzt erst an, darüber nachzudenken, wie Sie da hineinkommen, dann geben Sie eine hervorragende Zielscheibe ab – nicht nur für den Burgherrn, sondern auch für Ihre Konkurrenten, die selbst lieber als erste in die Festung eindringen würden.

Also müssen Sie, bevor Sie losrennen, einen Plan haben, wie Sie einen einigermaßen leichten Zugang bekommen. Eine Öffnung, eine Schwachstelle. Oft ist es einfach das Unerwartete, was einen erfolgreichen Überraschungsangriff und den Sieg ausmacht. Auf keinen Fall ist es das, »was alle machen«.

In der Geschichte gibt es eindrucksvolle Beispiele für die durchschlagende Wirkung eines Überraschungsangriffs, der an genau der Stelle ausgeführt wurde, wo niemand geglaubt hatte, daß der Gegner auch nur einen Gedanken daran verschwenden würde. Hannibal marschierte mit seinen Elefanten über die Alpen, was für völlig unmöglich erachtet worden war. Als Lawrence von Arabien mit seiner Truppe auf der Landseite von Akaba auftauchte, da gab es keine Chance für eine wirksame Gegenwehr. Die Verteidiger hatten alle ihre Kräfte auf einen Angriff von der Seeseite konzentriert, da niemand auch nur im entferntesten an die Möglichkeit geglaubt hatte, daß jemand eine Durchquerung der direkt hinter der Stadt beginnenden Wüste überleben würde.

Ebenso unerwartet brach Volkswagen mit dem Käfer und der Werbebotschaft »Think Small« in die Domäne der amerikanischen Automobilhersteller ein. Jeder wäre für die Vorhersage, daß die Amerikaner ein kleines und obendrein (aus amerikanischer Sicht) derart häßliches Auto kaufen würden, geteert und gefedert worden. VW zerstörte seine eigene Position später wieder, als das Unternehmen dazu überging, auch größere Autos in die USA zu importieren (das hatte ihnen wahrscheinlich der interdisziplinäre Universaldiversifikator geraten).

Die Frage, mit der es sich lohnt, sich eine Weile zu beschäftigen, ist die nach der geeigneten Stelle, an der Ihr Marketingangriff am aussichtsreichsten sein wird. Definieren wir das zuerst genauer. Es geht um Neukundengewinnung. Was könnte ein Neukunde, der Sie noch nicht kennt, leicht *als erstes* kaufen oder mit Ihnen vereinbaren? Wo ist der Einstieg am leichtesten? Wenn er dann einmal Kunde bei Ihnen ist, dann haben Sie bereits einen Vertrauensvorschuß in seinem Kopf, und Sie können ihm leicht weitere Dinge verkaufen. Aber damit er Vertrauen gewinnen kann, muß der Weg für ihn zumindest vorstellbar sein.

Um eine solche Strategie für Ihr eigenes Unternehmen zu finden, beantworten Sie sich selbst der Reihe nach die folgenden Fragen:

Was bin ich derzeit tatsächlich in der Lage, auf kurzfristiger Basis zu liefern?

Es kann von erheblichem Nutzen sein, wenn Sie diese Liste sehr vollständig ausarbeiten. Die besten Marktchancen werden oft übersehen, weil man sich nur auf die gängigen Geschäftsfelder konzentriert oder auf Dinge, die man bisher gemacht hat. Ich selbst habe von dieser Liste profitiert, als ich in einer Situation war, in der ich das, was ich früher gemacht hatte (kommerzielle Musikproduktionen für Werbeagenturen), aus Gründen des eigenen Beleidigtseins nicht mehr machen wollte. Jeder Nachtwächter einer Werbeagentur hatte inzwischen sein eigenes Tonstudio, außerdem ist seit der Einführung des Formatradios die Stille wertvoller geworden als die Musik (Ausnahmen bestätigen die Regel). Jedenfalls hatte ich die Nase voll davon, mich mit Werbeagenturen und Möchtegern-Produzenten auf musikalische Auseinandersetzungen einzulassen, und suchte nach einem Geschäftsfeld, das mir brauchbar erschien. Ich erinnerte mich daran, daß ich für die Rundfunkwerbung des Münchner Kaufhauses Ludwig Beck nicht nur die Musik, sondern auch die Texte gemacht hatte, die beim Auftraggeber (und auch beim Publikum) gut angekommen waren. Ich tippte die mehrere Jahre alten Texte auf Papier, zeigte sie auf meinen Akquisitionsterminen den Werbeagenturen – und bekam auf diese Weise meine ersten Aufträge als Werbetexter. (In diesem Bereich konnte ich so schnell von keinem Computer ersetzt werden.)

Es muß nicht immer ein Wechsel des ganzen Berufsbildes sein. Vielleicht ist das, was Sie anbieten, im Prinzip sehr wertvoll und auch dringend benötigt, aber durch irgendeine ungünstige Konstellation des Markts kann es so nicht verkauft werden. Ein Ingenieur erzählte mir, daß er sich auf energiesparende Maßnahmen spezialisiert habe. Er konnte die Energiekosten für ein Gebäude um 80 Prozent reduzieren! Allerdings setzte das voraus, daß das Objekt noch nicht gebaut war. Hier lag das Problem. Ein Bauträger ist zunächst daran interessiert, daß die Baukosten so niedrig wie möglich sind. Eine ökologisch sinnvolle Energieplanung erhöhte jedoch zunächst die Baukosten gegenüber der herkömmlichen Konzeption. Die möglichen Einsparungen kamen durch die Senkung der späteren Betriebskosten zustande und hätten nur den Betreiber aufhorchen lassen. Der stand aber beim Bau entweder noch gar nicht fest, oder er hatte nichts zu sagen. Auf diese Weise kam der Ingenieur mit seinem Wissen immer zu spät zum Zug, als daß er es hätte einsetzen können.

Auch hier kann die Lösung in der vollständigen Liste aller Möglichkeiten gefunden werden, und zwar mit folgender Überlegung: Außer der Konstruktion selbst konnte der Ingenieur natürlich auch nur sein Know-how liefern, und zwar in Form von Vorträgen und Seminaren. Das Thema an sich ist ja durch die verstärkten Umweltdiskussionen sehr in den Vordergrund gerückt und von höchstem Interesse für viele, die mit Häuserbau zu tun haben. Es scheint, daß das *Wissen* über die Möglichkeiten der Energieeinsparung leichter gekauft werden kann als die Sache selbst.

Machen Sie diese Liste also so vollständig wie möglich. Es ist eine Liste, die mit Ihrem eigenen Gesichtspunkt zu tun hat.

Die zweite Frage bezieht sich auf den Gesichtspunkt Ihrer Zielpersonen. Machen Sie keine Annahmen, sondern greifen Sie nur auf wirklich gesicherte Erkenntnisse und objektive Beobachtungen zurück.

Was sind die Merkmale, Eigenschaften oder Begleiterscheinungen, die meinem Kunden besonders wichtig sind?

Hier ist die Übung, im Unrecht zu sein, wieder gefragt. Was ist Ihrem Kunden wichtig? Nicht auf das, was Sie glauben, daß ihm wichtig ist oder ihm wichtig sein sollte, kommt es an, sondern auf das, was ihm wirklich wichtig ist. Denken Sie dabei nicht zu kompliziert. Lassen Sie die Nullen und Einsen völlig außen vor (wenn Sie EDV-Fachmann sind) oder die Sechzehntelnoten und den Bassdrum-Sound (falls Sie Musiker sind). Beobachten Sie scharf, und machen Sie, falls erforderlich, Umfragen.

Dem Kunden geht es hauptsächlich um so banale Dinge wie: Daß das Produkt geliefert wird. Daß er mit Ihnen sprechen kann. Daß er vorher eine Kalkulation bekommt, die dann auch eingehalten wird. Es kann auch noch einfacher sein: Daß er versteht, was passiert. Daß er irgend etwas versteht. Daß Sie mit ihm mal ein Bier trinken. (Ich weiß, es ist nicht jedermanns Sache, dieses »Biertisch-Marketing«. Ich mag das auch nicht so. Aber da muß man aufpassen. Es gibt Länder, in denen die Zurückweisung der Gastfreundschaft die größte Beleidigung darstellt, die Sie jemandem antun können.) Darüber hinaus könnten Details von Bedeutung sein, deren Wichtigkeit für den potentiellen Kunden Sie vielleicht noch nie bedacht haben. Deshalb die Umfragen.

Aber machen Sie sich die Sache nicht zu kompliziert. Auch die Wissenschaft erahnt, daß es immer noch – wenn auch sehr vereinzelt – Menschen gibt, die es lieber einfach als komplex haben möchten. Über Leute, die mit der Einfachheit intuitiv immer schon richtig gefahren sind, hat das Marketingwissenschaftliche Institut der eigens für solche Untersuchungen gegründeten Trend-Universität »Marketing 2009« unter Prof. Dr. Dr. h. c. Alfons Ehrenbart eine fünfhundertsechzig Seiten starke Studie erarbeitet, aus der ich (um die Regenwälder zu schonen) nur den wichtigsten Satz zitieren möchte: *»Die voluminöse Expansion subterraner Solonocken steht in reziproker Proportion zur spirituellen Kapazität des Agrarökonomen.«* Auf deutsch: Die dümmsten Bauern ernten die dicksten Kartoffeln.

Sie müssen irgend etwas finden, das Ihrem Kunden tatsächlich am Herzen liegt. Machen Sie auch hier eine Liste.

Machen Sie die Listen für die erste und zweite Frage möglichst vollständig. Sie geben Ihnen möglicherweise die Antwort für die dritte und entscheidende Frage direkt in die Hand. Denn diese Frage lautet:

Wo liegt der »entscheidende Punkt«, an dem ein Marketingangriff am aussichtsreichsten wäre?

Grenzen Sie diesen Angriffspunkt so genau wie möglich ein. Es gibt mehrere Wege, diesen entscheidenden Punkt zu fokussieren. Der Automobilhersteller Volvo hatte sich durch die Konzentration auf den »großen Kombi« einen relativen Marktanteil gesichert, den das Unternehmen niemals mit Klein- oder Mittelklassewagen hätte erobern können. Sie tun sich immer am schwersten, wenn Sie sich genau auf die Sorte von Aufträgen oder die Sorte von Kunden kaprizieren, hinter denen auch die größten Mitbewerber Ihrer Branche her sind (es sei denn, Sie sind selbst unter den Größten).

Nicht immer ist es einfach, die Spezialisierung auf ein bestimmtes Produkt in einer Palette vorzunehmen, wie es bei Volvo der Fall war. Eine andere Strategie wäre die Spezialisierung der Zielgruppe.

Ein Videoproduzent hatte sich auf eine Zielgruppe spezialisiert, welche die meisten Videoproduktionsfirmen gar nicht als potentielle Kunden wahrnehmen würden: die Chirurgen. Er filmt ihre Operationen, und die Chirurgen können dann diese Dokumentationen als prestigeträchtigen Beweis Ihrer Fähigkeiten bei Fachkongressen den Kollegen präsentieren (offensichtlich hat dieser Videomann die Spezialfähigkeit, sich so eine Operation anzusehen, ohne daß ihm schlecht wird). Einer seiner Filme hat bereits einen unter Chirurgen sehr anerkannten Preis gewonnen. Es stellte sich im Gespräch allerdings heraus, daß er mit der Spezialisierung auf dieses Marktsegment auch ein spezielles Problem dieser Zielgruppe auf der Platte hatte. Die Ärzte wollten schon gerne so ein Video haben, aber sie hatten in der Regel keine Erfahrung mit Video und daher große Schwierigkeiten, sich die realen Produktionskosten für so etwas vorzustellen. Immer seltener wollten die Krankenhäuser für diese Kosten aufkommen. Hier wiederum wußte der Produzent von einigen Erfahrungen zu berichten, die er bereits in Verhandlungen mit Sponsoren gemacht hatte – Herstellern von medizinisch-technischen Geräten zum Beispiel, deren Erzeugnisse dann in einem solchen Video wohlwollend der ganzen Zielgruppe (Chirurgen auf Kongressen) präsentiert werden konnten. Somit war der leichte Einstieg für die Neukundengewinnung nicht die Spezialisierung auf Chirurgen allein, sondern die spezielle Zielgruppe in Verbindung mit einem besonderen Versprechen: »Ich kann bei der Sponsorensuche behilflich sein!«

Die Art *der Lieferung,* der Vertriebskanal, kann ebenfalls eine Spezialisierung ermöglichen. Das Konzept des Pizza-Heimlieferservice hat innerhalb von wenigen Jahren einen vollkommen neuen Geschäftszweig erschaffen, obwohl es bereits in jeder Stadt an jeder Ecke Italiener gab, dessen Pizzen man auch mitnehmen konnte. Nachdem der Pizzabäcker sich ausschließlich auf die »Couchpotatoes« (Leute, die ihre Freizeit vorwiegend zu Hause vor dem Fernseher verbringen) spezialisiert hat und nun seine Teigfrisbees mit eigenen Autos zum Kunden nach Hause liefert, braucht er gar kein Restaurant mehr.

Mit einem ähnlichen Konzept operierte ein Marketingmann, der sich auf die Werbeberatung von Autohäusern spezialisiert hatte. Er hatte ein Wohnmobil zu einem Büromobil umgebaut, fuhr in ganz Deutschland herum und logierte für die Dauer der Beratung direkt auf dem Hof seines Kunden.

Sie sehen, wenn Sie die Listen unter den ersten beiden Fragen sehr vollständig machen und dann Ihre Phantasie ein bißchen spielen lassen, ergeben sich vielleicht ganz plötzlich Möglichkeiten, die Sie bei oberflächlicher Betrachtung nicht wahrgenommen hätten. Das allein ist schon ein Hinweis, daß Ihre Mitbewerber vielleicht auch noch nicht draufgekommen sind.

Im folgenden ist der Schritt 1 mit den drei Fragen noch einmal dargestellt.

Definieren Sie Ihr Angebot

Beantworten Sie sich selbst die folgenden Fragen:

?

Was bin ich derzeit tatsächlich in der Lage, auf kurzfristiger Basis zu liefern?
(Machen Sie eine Liste!)

?

Was sind die Merkmale, Eigenschaften oder Begleiterscheinungen, die meinem Kunden besonders wichtig sind?
(Machen Sie eine Liste!)

?

Wo liegt der »entscheidende Punkt«, an dem ein Marketingangriff am aussichtsreichsten wäre?

Wer kauft Ihr Produkt?

2. Definieren Sie Ihre Zielperson

Das sollte Ihnen nicht zu schwer fallen. Sie erinnern sich: Sie können nicht auf die Eingrenzung der Zielperson verzichten, weil Sie sonst nichts Gemeinsames über Ihre potentiellen Kunden sagen, mithin die Leute, die Ihre Ware brauchen, auch nicht finden können.

Ihre Zielperson ist die Person, die
Ihr Produkt
von Ihnen
realistischerweise
kaufen
wird.

Seien Sie ehrlich und genau:

Es ist die Person (nicht eine Personengruppe oder Firma), …

Obwohl Sie im Stadium der Werbung nicht mit einzelnen Individuen, sondern mit einer Personensorte zu tun haben, dürfen Sie nicht den Fehler machen, Firmen oder Gruppen zusammenzufassen. Eine Kommunikation endet immer bei einer Person. Manchmal entscheiden Gremien oder gar Versammlungen über die Vergabe von Aufträgen. Ignorieren Sie das Gremium, auf dessen Entscheidung Sie ohnehin keinen Einfluß haben. (Wenn 20 Desinteressierte fünf Unfähige wählen, die dann etwas Unsinniges beschließen, dann nennt man das Ausschuß.) Betrachten Sie jedes einzelne Mitglied als mögliche Zielperson. Derjenige, der an Ihrem Angebot interessiert ist, wird sich dann schon bei Ihnen melden. Den versorgen Sie dann mit genügend Munition für die anderen.

die Ihr Produkt (nicht ein anderes Produkt) …

Versuchen Sie, die tatsächlichen Marktchancen Ihres Produktes realistisch einzuschätzen. Wenn Sie ein neues EDV-Programm für Steuerberater auf den Markt bringen und damit gegen den allmächtigen (Quasi-Monopolisten) DATEV antreten wollen, dann ist Ihre Zielperson mit Sicherheit nicht »ein Steuerberater« (denn der kauft oder hat DATEV, und wenn Sie sich auf den Kopf stellen). Einen Marktführer frontal anzugreifen wäre gleichzusetzen mit dem Versuch, als kleiner Guerillastoßtrupp gegen den Hauptstützpunkt der Regierungsarmee vorzugehen.

von Ihnen (nicht von jemand anderem) …

Wenn Sie beispielsweise hauptsächlich für Werbeagenturen arbeiten, die wiederum für werbetreibende Hersteller von Produkten arbeiten, dann müssen Sie im Kopf behalten, daß Ihre Zielperson in einer Werbeagentur sitzt. Ein Hersteller, der seine Werbung auf jeden Fall von einer Agentur geliefert haben will, wird wahrscheinlich nicht bei Ihnen kaufen. Umgekehrt, wenn Sie sich einer Werbeagentur gegenüber als jemand zu erkennen geben, der hauptsächlich für werbetreibende Hersteller arbeitet, dann wird die Agentur nichts von Ihnen wissen wollen, denn sie möchte keinen Konkurrenten stark machen, der ihr später vielleicht auch noch ihre Kunden abwirbt.

realistischerweise (nicht vielleicht oder hoffentlich) …

Denken Sie Ihre Strategie wirklich zu Ende. Es geht nicht nur darum, daß Sie einer Zielperson etwas angeboten haben und diese das Angebot freundlich nickend entgegennimmt, sondern um die Vorhersage, ob auch wirklich die realistische Möglichkeit besteht, daß sie etwas kauft. In Werbeagenturen gibt es zum Beispiel die Position des »Artbuyer«. Ich kann mir nicht vorstellen, daß ein solcher Artbuyer wirklich etwas kauft (schon gar nicht »Art«). Er sollte besser »Angebotsverwalter« oder »Arbeitsproben-Archivierer« heißen. Überprüfen Sie genau, ob die Einkäufer der Firmen, die Sie als Kunden gewinnen möchten, sich nicht in einer ähnlich hilflosen Position befinden.

kaufen (nicht geschenkt oder aufgezwungen bekommen) ...

Manchmal gibt es Konstellationen, bei denen derjenige, der das Produkt erhält, eine völlig andere Person ist als die, die es bezahlt. Sie kennen das System vom Sozialstaat. Die Patienten bekommen die Leistung, die Krankenkasse bezahlt. So ein System führt immer dazu, daß der Zahlmeister etwas anderes kauft, als der Empfänger der Leistung wirklich braucht oder haben will. Das Publikum einer Firmengala bekommt die Unterhaltung, der Veranstalter berappt die Künstlergage. Wer kauft also hier? Die Krankenkasse beziehungsweise der Veranstalter. Auf jeden Fall nicht der, der die Leistung bekommt. Es ist zu mühsam oder völlig unrealistisch, diejenigen, die die Leistung bekommen sollen, erst zu motivieren, damit sie beim tatsächlichen Einkäufer betteln gehen. Auch wenn es uns in der Seele weh tut, weil wir den eigentlichen Verbraucher unserer Ware nicht optimal beliefern können: Die korrekte Zielperson für das Marketing ist immer derjenige, der *kauft*.

wird (nicht würde, wenn, sollte oder wollte).

Lassen Sie sich nicht von verschiedenen Arten von »Schein-Zielpersonen« ablenken. Ihre Zielperson ist nicht eine Person, die das, was Sie anbieten, gut findet (Eltern, Lebenspartner, Fans), gerne haben würde (Bewunderer, Schnorrer), möglicherweise vermitteln könnte (Manager, Agenten), weiterempfehlen würde (Wichtigtuer) oder Ihrer Meinung nach kaufen sollte (»Wunschkunden«).

Es ist die Person, die Ihr Produkt von Ihnen realistischerweise kaufen wird. Warum sollten wir uns mit jemand anderem abgeben? Das entspricht etwa der Frage: Warum sollte ich meine Soldaten und meine Munition (= mein Werbebudget) in einem Gebiet verheizen, das ich gar nicht erobern will?

Bitte beachten Sie bei der Definition Ihrer Zielpersonen, daß die sich daraus ergebende Gesamtzahl von möglichen Zielpersonen irgendwie mit Ihrem Budget korrespondieren sollte. Wenn Sie ein multinationaler Konzern sind, könnten Sie vielleicht die Folgen einer (viel zu ungenauen) Definition wie »alle Deutschen zwischen 15 und 35 Jahren« überleben. Aber als kleine Firma oder One-man-show sind Sie möglicherweise schon mit »alle Bäckermeister in Bayern« überfordert.

Wenn Sie Ihr Angebot, Ihre Strategie und Ihre Zielperson vollständig definiert haben, dann können Sie mit dem nächsten Punkt beginnen.

The more you tell, the more you sell

3. Schreiben Sie der Zielperson einen persönlichen Brief

Damit ist gemeint, was da steht.

Sie (eine Person) *schreiben* (nicht zeichnen oder gestalten) *der Zielperson* (auch eine Person, keine Versuchsratte) *einen* (sie kann ohnehin nur einen gleichzeitig lesen) *persönlichen* (niemand kriegt gerne unpersönliche) *Brief.* Kein Paket, keine Werbesendung, keinen Prospekt, keine Leistungsbeschreibung, kein Firmenprofil und schon gar keine »Imagebroschüre«. (In so einer Imagebroschüre ist nämlich so viel Image drin, daß die Zielperson sich nicht mehr vorstellen kann, daß Sie auch Aufträge ausführen.)

Persönlich sollte er sein, der Brief. Es ist vollkommen in Ordnung, wenn Sie den Brief dann tausendmal vervielfältigen und an tausend Leute schicken. Aber wenn Sie ihn schreiben, dann schreiben Sie ihn in dem Bewußtsein, daß immer eine einzelne Person diesen Brief lesen wird.

Beim Briefschreiben selbst sollten Sie niemals vergessen, was der Zweck Ihres Briefes ist. Wir erinnern uns: Die Zielperson soll Sie kontaktieren, weil sie sich für Ihr Angebot interessiert. Der Zweck des Briefes ist es also, *daß Sie eine Antwort in Ihrem Sinne erhalten.*

Was ist eine Antwort in Ihrem Sinne? Denken Sie auch hier wieder die ganze Sache realistisch zu Ende: Kaufen die Leute normalerweise bei Ihnen am Telefon? Oder wollen sie sich vorher mit Ihnen treffen? Bei allen Angeboten, bei denen Sie sich normalerweise mit Ihrem Neukunden treffen, bevor ein Abschluß zustande kommt, sollten Sie direkt auf dieses persönliche Treffen zusteuern. Denken Sie daran, daß Ihre Ware oder Dienstleistung in einem Markt des Überangebots zu 100 Prozent austauschbar ist. Selbst wenn Sie der Überzeugung sind, Sie haben etwas Einzigartiges zu bieten – die Zielperson wird das einfach nicht glauben. Deshalb kommt es auf Ihre Person an. Mit Ihrer Person sind Sie unverwechselbar und unaustauschbar.

Der Zweck des Briefes ist es also, daß Sie eine Antwort in Ihrem Sinne erhalten. Die meisten Werbebriefe verfolgen andere Zwecke. Der Zweck des Briefes ist insbesondere *nicht:*

- die Zielperson zu beeindrucken (Angeber),
- die Zielperson günstig zu stimmen (Bittsteller),
- unsere Philosophie zu erklären (Missionare),
- die Konkurrenz schlechtzumachen (Leute ohne Kinderstube),
- die Zielperson zu kritisieren (Tölpel ohne Kinderstube),

- der Zielperson zu erklären, daß wir besser sind, oder ihr gar zu beweisen, daß wir recht haben (Oberlehrer),
- die Zielperson zu manipulieren (Werbepsychologen),
- witzig zu sein (Clowns sind besser).

Bei allen diesen Varianten wird nämlich der wahre Gesichtspunkt der Zielperson einfach ignoriert.

Natürlich dürfen Sie z. B. witzig sein, aber das ist nicht der Zweck Ihres Briefes. Achten Sie auch auf das tatsächliche Humorpotential in den Köpfen Ihrer Zielpersonen. Es kann von dem, was Sie selbst einfach zum Brüllen finden, stark abweichen.

Wenn Sie die Zielperson zu einer Reaktion auffordern, die Sie eigentlich gar nicht haben wollen, ignorieren Sie Ihren eigenen Gesichtspunkt! *»Fordern Sie unseren 16seitigen kostenlosen Vierfarbkatalog an!«* trommelt so manches Werbemailing, dessen Absender sich mal wieder für die Vollbeschäftigung in der Druckindustrie eingesetzt hat. Wenn Sie so vorgehen, dann sind Sie bald nur noch ein Versandbüro für Ihre 16seitige Vierfarbbroschüre. Sie wollen doch in Wahrheit, daß die Zielperson sich dafür interessiert, bei Ihnen zu kaufen, und nicht für Ihre kostenlose 16seitige Vierfarbbroschüre.

Und schließlich wollen wir auf keinen Fall
- unsere Botschaft an jene nicht existierende Zielperson verbreiten, deren Gesichtspunkt genau unserem eigenen entspricht. (Das würden nur Leute tun, die den Teil 1 dieses Buches gar nicht gelesen haben.)

Der Zweck des Briefes ist es, eine Antwort in unserem Sinne zu erhalten. Das ist der Zweck, und nichts anderes. Weichen Sie nicht einen Millimeter davon ab.

Nun haben Sie – so hoffe ich – eine schön vollständige Stoffsammlung zu Ihrer persönlichen Biographie gemacht, und Ihre nächste Aufgabe ist nun, auszuwählen, was Sie davon für Ihren Brief verwenden. Gute PR: Sie sollen jetzt aus der *exakten* Wahrheit eine *exakte akzeptable* Wahrheit machen. Schließlich wollen Sie nicht recht, sondern eine Antwort bekommen.

Der wahre Gesichtspunkt des Empfängers ist somit die Brille, durch die Sie Ihr Werk beurteilen müssen.

Nehmen wir an, Sie sind erst seit zwei Jahren selbständig, haben aber einige hervorragende Leistungen für Ihren Arbeitgeber erbracht zu der Zeit, als Sie noch Angestellter waren. Wenn Sie das Gefühl haben, Ihre Zielperson empfindet die Zeit von zwei Jahren als zu kurz, dann berücksichtigen Sie diesen Gesichtspunkt und reiben Sie ihr eben Ihren Wechsel zur Selbständigkeit nicht extra in Großbuchstaben unter die Nase. Obwohl es vielleicht ein großer Schritt *für Sie* war, mit vielen wichtigen Veränderungen in Ihrem Leben, lassen Sie das für den Zweck Ihres Briefes eher unter den Tisch fallen. Beschreiben Sie, welchen Nutzen die Firma, für die Sie gearbeitet haben, durch Ihren Beitrag erzielte. Schreiben Sie über den Nutzen Ihrer Person. Schreiben Sie über Leute, die sich positiv über Sie oder Ihre Leistungen geäußert haben. Und die Tatsache, daß Sie zu dieser Zeit noch angestellt waren, lassen Sie einfach weg.

Das ist aber nur ein Beispiel. Daß wir uns hier ganz klar verstehen (und auch für alle meine Kritiker, die behaupten werden, ich fordere die Leute zum Lügen auf): Ich habe nicht gesagt, daß Sie irgendeine Unwahrheit in Ihren Brief hineinschreiben sollen! Das Gegenteil trifft zu. Sie müssen bei dem, *was* Sie schreiben, strikt bei der Wahrheit bleiben. Es muß stimmen. Sie berichten das Positive, den Nutzen Ihrer Person, was andere an Ihren Leistungen gut fanden, und das Negative lassen Sie weg. Kann Ihnen das jemand verdenken?

Und dann erzählen Sie auch ein bißchen was Nettes. Irgend etwas Menschliches. Etwas über sich. Sie, die Person, sind es, die der Empfänger kennenlernen soll. Wenn Sie ausschließlich aus Kompetenz oder Ehrungen bestehen (oder aus Nullen und Einsen – wie die EDV-Leute), dann glaubt der andere nicht, daß Sie überhaupt mit ihm sprechen werden. Er ist vollkommen sicher, daß er Sie nicht anrufen kann. Er wird der Meinung sein, daß er für das Geld, das er Ihnen zahlen könnte, höchstens mal an Ihrem Rasierwasser bzw. Eau de toilette riechen darf.

Seien Sie ein bißchen nett. Normal, locker. Die Zielperson will normalerweise gerne einen netten Menschen kennenlernen. Wichtig ist nicht, was wir selbst herausragend an uns finden, sondern: Was wird meine Zielperson besonders interessieren? Es sind nicht nur die beruflichen Dinge, für die sich Personen interessieren. Jeder gute Verkäufer weiß, daß ein persönliches Gespräch auch persönliche Themen beinhalten muß, damit er mit dem Kunden warm werden kann. Verwenden Sie diese Erkenntnis einfach im Personen-Marketing Ihrer Neukundenwerbung und erzählen Sie etwas über sich, Ihr Leben, Ihr Hobby – egal was, Hauptsache, die Zielperson kann sich etwas darunter vorstellen.

Ein Teilnehmer meines Seminars – Inhaber einer Werbeagentur – berichtete mir von einer Präsentation vor mehreren Vorstandsmitgliedern eines Kundenunternehmens, die sein Partner mit den folgenden Worten begann: »Mein Name ist Ernst Eisenberger, ich habe eine Frau, drei Kinder, und im Keller haben wir sieben Igel. Die sind sehr putzig – im Frühling lassen wir sie in den Garten, im Winter holen wir sie wieder rein. Der erste heißt Abra, der zweite Bebra, der dritte Cebra, und so weiter. Und nun zum Thema meiner Präsentation …« Die anderen Mitglieder der Agentur schauten sich an und glaubten ihren Ohren nicht zu trauen. Der hatte wohl nicht mehr alle Gräten im Kakao. Sieben Igel???

Nun, die Präsentation verlief sehr zur Zufriedenheit der anwesenden Vorstände, und nachdem der Vortragende geendet hatte, ging einer auf den Redner zu und sagte: »Sehr interessant. Aber jetzt sagen Sie mal: Wie ist das nun mit Ihren Igeln …?« Er interessierte sich wirklich dafür.

Sehen Sie, was ich meine? Sie dürfen den Nutzen Ihrer Person ruhig so weit beschreiben, bis Sie so prominent oder kompetent sind, daß der andere sich nicht mehr traut, Sie anzurufen, obwohl er jetzt glaubt, daß Sie genau der richtige Mann oder die richtige Frau für ihn sind. Und dann erzählen Sie ihm etwas Menschliches. Völlig unerwartet. Sie können das Menschliche auch schon zwischendrein streuen. Es gibt hier kein Dogma über irgendwelche Reihenfolgeregeln (das können dann meine Sekundärliteraten machen). Sie erzählen etwas Menschliches über sich und teilen dem Empfänger dadurch mit: Sieh mal, ich bin auch so ein Mensch, ganz normal, ich koche auch nur mit Wasser und gehe aufs Klo wie wir alle. Es ist alles o. k. – kein Problem, mich mal anzurufen. Ich beiße nicht.

Bedenken Sie, was Sie der Zielperson antun: Sie haben ihr durch dieses Verfahren den Schwarzen Peter des Telefonmarketing zugeschoben! Der Empfänger Ihres Briefes muß jetzt Sie, eine ihm unbekannte Person, anrufen. Das ist nicht leicht. Wenn Sie schon mal Kaltkontakte per Telefon gemacht haben, wissen Sie das.

Sie mögen vielleicht glauben, daß der Empfänger doch der Auftraggeber ist, der Zahlmeister, der es sich leisten kann, mit großer Geste zu winken – »Wirt! Fahr' Er auf, was Küche und Keller zu bieten hat!« O nein. Ich erinnere mich, als ich selbst in der Position eines solch vermeintlichen Potentaten war. Ich hatte als Musikproduzent bei der Werbeagentur meinen Auftrag erhalten und nun auch ein großzügiges Budget, um die Musiker in ein Tonstudio zu bestellen. Doch ich war selbst erstaunt, wie schwer es mir jedesmal fiel, speziell wenn ich einen mir noch unbekannten Musiker oder Sprecher anrufen mußte. Ich habe solche Anrufe oft hinausgeschoben, bis ich Gefahr lief, keinen von diesen Leuten mehr zu meinem Produktionstermin zu bekommen. Ich hatte einfach Angst, mit diesen unbekannten Superexperten zu sprechen. Wenn ich auch die Noten schrieb, die sie zu spielen hatten, damit ich sie dafür bezahlte – niemals hätte ich denen auf der Trompete etwas vormachen können. Das machte mich unsicher, und ich fühlte mich äußerst unwohl, wenn ich sie zum erstenmal kontaktieren mußte.

Wie sehr Ihnen Ihr potentieller Kunde auch überlegen erscheint: er hat in jedem Fall mehr Angst vor Ihnen als Sie vor ihm. Es ist gar nicht leicht für ihn, Sie anzurufen. Aber wenn Sie kein Mensch sind, dann ist es unmöglich!

Machen Sie sich selbst das Briefeschreiben nicht zu schwer. Verwenden Sie die Heiratsantrags-Taktik! Verstehen Sie das bitte wörtlich und überlegen Sie sich, wie Sie einen solchen Heiratsantrag formulieren würden:

Ihre Absicht – klar und deutlich!

Ihre Vorzüge – aber nur die, welche auch vom umworbenen Kandidaten als Vorzüge empfunden werden.

Die entscheidende Frage oder Anweisung an den Empfänger – so daß er auch wirklich aus seinem Gesichtspunkt »ja« sagen kann!

Zur Erinnerung siehe Eckpfeiler Nr. 3, Heiratsantrags-Taktik: *»Die einzige Möglichkeit, ein klares ›Ja‹ zu erhalten,* *ist, seine Absichten offenzulegen, seine Vorzüge zu demonstrieren und dann die Frage in aller Deutlichkeit zu stellen.«*

Und hier kommt meine Antwort an die Leute, die glauben, daß alles, was länger ist als eine Seite, nicht gelesen wird. Ich behaupte, daß, wenn Sie alles, was es über Ihre Person zu sagen gibt, auf eine Seite kriegen, Sie niemand beauftragen kann. Wie soll man auf einer Seite genügend über Sie erfahren, damit man sich dann traut, Sie anzurufen?

Schreiben Sie auf keinen Fall zu wenig. Schreiben Sie einen langen Brief. Sie haben natürlich gehört, daß »lange Briefe nicht gelesen werden«. Nun, da ist den Verbreitern solcher Weisheiten ein kleines Versehen unterlaufen. Sie haben einfach zwei Silben unterschlagen. Der Satz hieß ursprünglich: *Langweilige* Briefe werden nicht gelesen. In kurzen Briefen steht nämlich nicht genug drin, was man lesen könnte. Meine Antwort an die Leute, die glauben, daß alle Mitteilungen von Bedeutung auf eine Seite passen sollten, stammt von Werbealtmeister Ogilvy: *»The more you tell, the more you sell.«* (David Ogilvy war Verkäufer von Küchenherden gewesen, bevor er seine Werbeagentur gründete. Er erkannte, daß, je mehr er der potentiellen Kundin über einen solchen neumodischen Herd erzählen konnte, sie desto eher kaufte.)

Ich selbst bin weder in der Position, noch ist es die Aufgabe dieses Buches, Herrn Professor Vögele, dem sehr erfolgreichen Altmeister des Direktmarketing, zu widersprechen. Solange man kein Personen-Marketing macht, ist eine Seite alles, was ein Empfänger an Bedeutungsüberfrachtung durchhält. Doch beim Personen-Marketing befriedigen Sie einen wichtigen Bedarf, der in der etablierten Werbewelt bislang völlig übersehen wurde. Den Bedarf nach echten Personen, die etwas über sich erzählen.

Es ist vollkommen in Ordnung, wenn jemand Sie anruft, noch bevor er Ihren Brief zu Ende gelesen hat. Aber wie würden Sie sich über den Kunden ärgern, der *nicht* bei Ihnen anruft, weil er dem, was Sie ihm geschrieben haben, nicht genug Ermutigung entnimmt, um Sie tatsächlich zu kontaktieren?

Langweilige Briefe werden nicht gelesen. Davon gibt es natürlich jede Menge. Der Brief muß spannend sein. Ja, ich weiß, da gibt es wieder Einwände, daß das nicht geht und so weiter. Es tut mir leid, aber wenn der Brief nicht spannend ist, wird ihn niemand lesen wollen. Wenn er kurz ist und nicht spannend, gilt dasselbe. Man liest ihn vielleicht versehentlich, weil er so kurz ist, interessiert sich aber nicht für den Inhalt.

Spannend heißt nicht »literarisch wertvoll« (was immer das bedeutet)! Hat nichts miteinander zu tun. Oder sind die Heftchenromane von Jerry Cotton, die millionenfach gekauft und gelesen werden (alles ziemlich lange Texte) vielleicht »literarisch wertvoll«? Glauben Sie nicht den Leuten, die sagen, daß man nichts hinausschicken sollte, was nicht vollkommen perfekt ist. Es ist nur eine Ausrede, ein Grund, nichts aussenden zu müssen. Ein Brief ist keine Festschrift, welche die Jahrhunderte überdauern soll. Er ist eine Kommunikation von Person zu Person. In unserem Zeitalter des »Canned Entertainment« (Unterhaltung »aus der Dose«) und der vorgefertigten Textbausteine ist es schon spannend, wenn wirklich mal ein echter Mensch etwas sagt.

Stilistische Überlegungen sind also unwichtig. Sie brauchen kein Texterseminar, um einen Brief zu schreiben, im Gegenteil. Nehmen Sie Ihr Leben als Stoffsammlung. Das Leben eines Menschen ist immer spannend.

Bleiben Sie Sie selbst, natürlich und locker. Die Zielperson will keine auswendig gelernte Wiederholung hören von geschraubten Wendungen, die sich irgendwelche Werbepsychologen ausgedacht haben. Ich wiederhole: Die Zielperson ist einsam. Sprechen Sie einfach zu ihr, und muntern Sie sie ein bißchen auf. Sie werden sehen, es hilft.

Die Fragen, die Sie Ihrer Zielperson auf jeden Fall beantworten müssen

Wenn Sie den Brief schreiben, dann können Sie die Form anhand der nun folgenden Checkliste durchgehen.

Man kann an sich selbst überprüfen, daß ein Empfänger eines Briefes sich die folgenden Fragen in der angegebenen Reihenfolge stellt. Je konsequenter diese Fragen im Brief beantwortet werden, um so sicherer erhält man eine qualifizierte Antwort:

»Wer schreibt mir da?«

Es gehört zur Kinderstube, daß man sich selbst vorstellt, wenn man etwas will. Erzählen Sie etwas über sich. Der Briefkopf allein ist dafür keinesfalls ausreichend. Im Gegenteil, ein übertrieben aufwendiger Briefkopf kann den Empfänger eher daran hindern, zu antworten. Das gleiche gilt für einen sehr ausgefallenen »Designer«-Briefkopf. Denken Sie daran: Die Zielperson traut sich nicht, sich Ihrem von allgewaltiger Kompetenz durchdrungenem Ohr zu nähern!

»Was will die Person von mir?«

Wer nicht sagt, was er will, hat bestimmt etwas zu verbergen. Bitte klar und wahr – siehe Punkt 3: »Heiratsantrags-

Taktik«. Bei Business-to-Business-Kontakten ist es wichtig, daß Sie ziemlich schnell zum Punkt kommen.

»Ist das glaubwürdig?«

Glaubwürdig bedeutet: in sich stimmig und ohne übermäßigen Widerspruch zu Daten und Ansichten, die die Zielperson sonst noch haben mag.

In sich stimmig: Kein Spendenaufruf für hungernde Kinder auf goldgeprägtem Bütten. Kein Immobilienfonds, einzahlbar ab 100 000 Dollar, auf kopiertem Umweltpapier. Aber auch der Inhalt sollte irgendwie in sich stimmig sein.

Ohne übermäßigen Widerspruch ... – ich habe in Teil 1 ausführlich klargelegt, *daß Sie nicht wissen können, welche Daten und Ansichten die Zielperson sonst noch haben mag!* Treten Sie nicht auf diese Mine. Sie sind auf der sicheren Seite, solange Sie über sich selbst sprechen. Wenn Sie eine Beobachtung mitteilen wollen, dann schreiben Sie: »Schon oft in meiner 16jährigen Laufbahn als Gemüsegärtner habe ich erlebt, ... und dachte mir ...«

Hier ist eine Stolperstelle, aufgrund deren Sie selbst bestimmt schon eine Menge Werbebriefe, die Sie erhielten, gar nicht zu Ende gelesen haben. Schon der erste Satz ist eine Behauptung. Und zack! Weg ist der Leser. Das Mailing tönt: *»Als Experte im Bereich Immobilien wissen Sie sicher ...«* Nun, entweder ich weiß es nicht, dann frage ich mich, ob das wirklich stimmt, oder ich weiß es, dann frage ich mich, warum der Absender es mir dann schulmeistert. Keine der beiden Varianten ist günstig für den Absender und seine Zielsetzung.

Also Vorsicht. Mit einer Behauptung können Sie jederzeit auf Widerspruch stoßen. Die einfache Lösung: *Behaupten Sie nichts.*

»Welchen Nutzen könnte ich davon haben?«

Ein Handel ist nur gut, wenn er für beide Seiten gut ist. Niemand wird Zeit mit einem Werbebrief verschwenden, wenn nicht ein eindeutiger Nutzen daraus hervorgeht. Beschreiben Sie diesen Nutzen. Doch Vorsicht Falle: Verzetteln Sie sich nicht in Produktpräsentation! Produkte sind austauschbar. Verbinden Sie den Nutzen immer, immer, immer mit Ihrer Person. Es gilt die Regel des Personen-Marketing: *Es ist viel wichtiger, daß das Produkt von Ihnen geliefert wird, als daß das Produkt überhaupt geliefert wird.*

»Was soll ich jetzt machen?«

Wenn man nicht eindeutig sagt, was die Zielperson jetzt machen soll, dann ist die Wahrscheinlichkeit hoch, daß sie nichts macht.

Eindeutig ist nicht zweideutig oder sechsundzwanzigdeutig. Das höchste, was Sie sich an Zweideutigkeit erlauben können, ist: »Sie können mir das zurückschicken oder -faxen.«

Leute tun normalerweise, was man ihnen sagt. Aber *sagen* muß man es, und dann darf man nicht so oft von der eindeutigen Anweisung ablenken.

Ein Beispiel für teure Response-Verhinderung

An folgendem Beispiel konnte ich selbst beobachten, wie ein großer Konzern mich, die Zielperson, zweimal für teures Geld davon abgehalten hat, daß ich dem Unternehmen die Antwort gebe, die es eigentlich von mir haben wollte:

Eines Tages fand ich in der Post einen Brief eines großen

Geldinstituts. Darin lag ein Formular, das ich wohl ausfüllen und – wahrscheinlich zusammen mit einem Scheck – zurückschicken sollte. Ein gewisser Herr Direktor Janssen (Name von der Redaktion geändert), Geschäftsführer, wandte sich da an mich. Ich kannte ihn nicht, und er stellte sich auch nicht weiter vor. Aber er wollte, daß ich mir etwas vorstelle: *»Sehr geehrter Herr Gebhardt-Seele«,* hieß es da, *»stellen Sie sich vor, Sie legen Ihr Geld noch attraktiver als auf einem Festgeldkonto an.«* Hm, dachte ich. Das geht ja schon gut los. Ich soll mir etwas vorstellen, wovon ich keine Ahnung habe. (Man muß dazu sagen, ich bin die typische Zielperson für so eine Bank. Ich habe keine Ahnung von den Spielereien in den Sphären der Hochfinanz, mein Level im Fachbereich Vermögensverwaltung für meine eigenen Ersparnisse läßt sich so beschreiben, daß ich einmal im Monat zur Sparkasse gehe, alles Geld abhebe, es nachzähle – um nachzusehen, ob noch alles da ist – und es dann wieder einzahle.)

Der Rest des Briefes enthielt hauptsächlich den Produktnutzen und auch den Kundennutzen für diese neue Sparform. Wem das nicht reichte, der konnte unten noch ein viermal gefaltetes Superleicht-Papier auffalten (man nennt das Origami, daran erkennt man die guten Verbindungen dieser Bank nach Japan).

Im letzten Absatz hieß es dann: *»Prüfen Sie die Vorteile des … -Tagesgeldkontos und vergleichen Sie kritisch mit herkömmlichen Geldanlagen.«* O je! Prüfen sollte ich jetzt und vergleichen. So viel Arbeit. Und ich kenne mich nicht aus. Das konnte ich nicht tun. *»Verlangen Sie Ihr ausführliches und kostenloses Infopaket. Rufen Sie uns an, wir sind immer für Sie da, zum Beispiel jetzt: Telefon …«* Ahh, das war schon besser. Ein kostenloses ausführliches Infopaket – das ist gut. Das wird sicher Klarheit in die Sache bringen. Gesagt, getan, ich rief an und verlangte mein kostenloses und ausführliches Infopaket. Den Brief und das Formular warf ich in den Papierkorb, denn ich würde ja jetzt das kostenlose und ausführliche Infopaket bekommen.

Keine eineinhalb Tage später erreichte mich ein weiterer Brief. Er enthielt wiederum das Formular zum Ausfüllen und ein weiteres Anschreiben. Hier schrieb ein anderer Herr, Leiter Service und Information. Da kannste mal sehen, dachte ich mir. Der Direktor Janssen ist schon zu vornehm geworden für mich, der ist wieder abgedampft in die Quarantäne seiner antiseptischen Managementetage und schickt jetzt seinen i. A. vor, um die eher unwichtigen Details mit mir zu besprechen. Ich erfuhr allerdings weiter nichts über die Leute, die da in diesem Geldinstitut arbeiteten. *»Herzlichen Dank für Ihr Interesse am Tagesgeldkonto der …-Bank«,* wurde ich begrüßt. *»Mit unserem Tagesgeldkonto eröffnen Sie sich eine neue Dimension der kurzfristigen Geldanlage.«* Wow!!! Welch beeindruckende Formulierung. Es handelte sich offenbar um eine grandiose Angelegenheit. *»Für jede Mark auf Ihrem Konto …«* und so weiter und so fort, Produktnutzen 1, Produktnutzen 2, Kundennutzen 1 und 2, Ihr Vorteil, wir würden uns freuen … – das Übliche. *»Prüfen Sie kritisch und entscheiden Sie sich am besten noch heute …«* O weh. Schon wieder prüfen. Das hatten wir doch schon. Entscheiden – das auch noch. Das war wohl ein bißchen viel verlangt. Aber ich hatte ja noch das kostenlose, umfangreiche Infopaket! Ja, das würde bestimmt die große Erleuchtung bringen. Darum war es ja eigentlich gegangen. Ich öffnete ein kleines Büchlein im Lang-DIN-Format und – ja, ich habe dem geschätzten Leser doch schon darüber berichtet:

Ich zog den Pappstreifen heraus und – *»Schnapp!«* Die eingehende Untersuchung des Würfels, den ich nun in der Hand hielt, zeigte, daß die Pappkonstruktion einen kleinen

Gummiring enthielt, usw. … Vor lauter Freude über diese Entdeckung vergaß ich, das beiliegende Heft zu lesen, das da titelte: *»Kann Ihre Bank da mithalten?«*

Unnötig zu erwähnen, daß das Geld immer noch da liegt, wo es vorher schon war – auf der Sparkasse gleich gegenüber von meiner Behausung. Daran konnte auch eine Telefonmarketing-Dame der …-Bank nichts ändern, die mich einige Tage später anrief. Ich war einfach zu sehr davon abgelenkt worden, das zu tun, was eigentlich der Zweck der ganzen Aktion gewesen war.

Der Gerechtigkeit halber sei vermerkt: Ich habe natürlich keinen Zugang zu den Werbeaktivitäten dieser Bank und kann deshalb auch nicht beurteilen, ob die Ergebnisse einer solchen Aktion dort intern als Erfolg betrachtet wurden oder nicht. Doch ich nehme mal an, daß, wenn Sie mein Buch lesen, weil Sie sich nicht nur für den Inhalt, sondern auch für Neukunden interessieren, Sie dann möglicherweise nicht das Werbebudget zur Verfügung haben, das eine Großbank jährlich verballert.

Wenn Sie sagen, was Sie wirklich wollen, dann werden Sie genau das bekommen

Seien Sie mit Ihrer eindeutigen Anweisung an die Zielperson sehr genau. Kommen Sie exakt zu dem Punkt, auf dem Sie die Sache haben wollen.

Machen Sie nicht mit bei dem Balztanz in der Art von »wir würden uns freuen …« oder gar Bücklingen wie »… gerne kostenlos und unverbindlich …« (igitt!). Vermeiden Sie in diesem wichtigen Punkt auch gekünstelte Lokkerheit in Form von »rufen Sie mich doch einfach mal an …« Sie brauchen gar nicht erst den Versuch zu unternehmen, Ihrer Zielperson zu suggerieren, daß es *einfach* sei, Sie anzurufen. Das ist es nicht! Die Zielperson hat genau dasselbe mulmige Gefühl im Magen, wenn sie Sie anrufen soll, wie Sie, wenn Sie einen Kaltkontakt machen müssen.

Verlassen Sie sich auf eine gerade und unmißverständliche Anweisung. Knüpfen Sie sogar die Bedingung der echten Qualifikation daran. »Wenn Sie sich für meine Arbeiten interessieren und mich beauftragen möchten, dann rufen Sie mich bitte an. Hier ist meine Telefonnummer: ...«

Sehen Sie, es ist doch auch ehrlich! Sie wollen, daß eine qualifizierte Zielperson Sie anruft, wenn sie ein ernsthaftes Interesse an Ihnen hat – das ist die Wahrheit. »Hier sind ein paar Informationen über mich, das tue ich, das hat es dem und dem Kunden gebracht. Ich möchte gerne für Sie arbeiten. Wenn Sie sich dafür interessieren, rufen Sie mich bitte an. Meine Telefonnummer lautet: ...«

Peng. Ende.

Auf der folgenden Seite habe ich die fünf Fragen des Briefempfängers noch einmal übersichtlich aufgelistet.

1 **»Wer schreibt mir da?«**

Es gehört zur Kinderstube, daß man sich selbst vorstellt, wenn man etwas will. Erzählen Sie irgend etwas über sich. Ein Briefkopf allein ist dafür keinesfalls ausreichend.

2 **»Was will die Person von mir?«**

Wer nicht sagt, was er will, hat bestimmt etwas zu verbergen. Bitte klar und wahr – siehe Punkt 3: »Heiratsantrags-Taktik«.

3 **»Ist das glaubwürdig?«**

Glaubwürdig bedeutet: in sich stimmig und ohne übermäßigen Widerspruch zu Daten und Ansichten, die die Zielperson sonst noch haben mag. Mit einer Behauptung können Sie jederzeit auf Widerspruch stoßen. Die einfache Lösung: Behaupten Sie nichts.

4 **»Welchen Nutzen könnte ich davon haben?«**

Ein Handel ist nur gut, wenn er für beide Seiten gut ist. Niemand wird Zeit mit einem Werbebrief verschwenden, wenn nicht ein eindeutiger Nutzen daraus hervorgeht. Beschreiben Sie diesen Nutzen. Doch Vorsicht Falle: Verzetteln Sie sich nicht in Produktpräsentation! Es gilt die Regel des Personen-Marketing: ***Es ist viel wichtiger, daß das Produkt von Ihnen geliefert wird, als daß das Produkt überhaupt geliefert wird.***

5 **»Was soll ich jetzt machen?«**

Wenn man nicht eindeutig sagt, was die Zielperson jetzt machen soll, dann ist die Wahrscheinlichkeit hoch, daß sie nichts macht.

Wie Sie – trotz Sekretärin – zu Ihrer Zielperson vordringen

Nachzutragen ist hier noch eine Bemerkung über die Sekretärin, oder wer immer als Kommunikations-Abfangjäger im Unternehmen der Zielperson fungiert.

Es gibt da eine altmodische Einrichtung im kaufmännischen Schriftverkehr, die dieses Problem löst. Es handelt sich um die *Betreffzeile.* Es hat sich in der Zwischenzeit nicht nur eingebürgert, das Wort »Betreff« oder »Betr.:« wegzulassen, sondern es hat auch die Zeitgeistkrankheit um sich gegriffen, daß in der Betreffzeile nicht mehr der Betreff steht, sondern irgendein Quatsch. Die Idee stammt wieder mal von unseren Werbepsychologen, die glauben, daß sie an der einen Stelle einen Köder auslegen müssen, damit die Ratte an die andere Stelle hinläuft. Mich erinnert das immer an die Methode, wie man mit einem Auto in der Wüste einem Hubschrauber entkommt: Links blinken und nach rechts fahren.

Die Sekretärin oder die Person, die die Post sortiert, hat hauptsächlich die Aufgabe, die eingehenden Kommunikationen an die richtigen Leute weiterzuleiten. Die gute alte Betreffzeile diente hier als Orientierungshilfe. Sie erspart Ihnen in den meisten Fällen sogar das mühsame Recherchieren der zuständigen Person. Sie schreiben einfach in die Betreffzeile ganz genau hinein, was Sie wirklich wollen – und siehe da, es wird an die entsprechend zuständige Person weitergeleitet. Sie erleichtern ganz einfach der Poststelle die Arbeit des richtigen Verteilens.

In dem Augenblick, wo man aus der gewollt lassohaften Formulierung der Betreffzeile schließen kann, daß hier jemand auf »Kundenfang« geht, wird deren Wirkung sofort ins Gegenteil verkehrt.

Einmal schrieb mir jemand, der offenbar gestalterisch tätig war, einen Werbebrief mit der Betreffzeile: *»Sind Ihre Seminarunterlagen optimal?«* Wie würden Sie sich fühlen, wenn Ihnen jemand noch vor der Begrüßung sagen würde, daß mit Ihrem Produkt vielleicht etwas verkehrt ist? Würden Sie dann so richtig Lust bekommen, etwas von dieser Person zu kaufen? (Jeder Grafiker und auch ich selbst können natürlich bestätigen, daß meine Seminarunterlagen, erstellt in einem simplen Textverarbeitungsprogramm einer ziemlich bekannten Softwarefirma, rein optisch mit Sicherheit verbessert werden könnten. Ich bin da auch nicht empfindlich. Ich hatte vielmehr noch gar nicht darüber nachgedacht. Aber warum sollte ich das, nur weil jemand, den ich gar nicht kenne, an mir herumkritisiert, um seine Sachen zu verkaufen?)

Erinnern Sie sich an den überformatigen Umschlag des Innenausstatters, den ich, ohne ihn angefordert zu haben, mit dem Kurier zugestellt bekam? Die Betreffzeile im Anschreiben lautete: *»Raumgestaltung ist Erfolgsplanung«*. Eine unverfrorene Behauptung. Missionar, kann ich da nur sagen. Noch bevor er mich überhaupt begrüßt, wirft er mir seine Heilslehre an den Kopf. Davon abgesehen, daß ich jetzt nicht weiß, worum es geht, fordert er meinen Widerspruch geradezu heraus.

Verwenden Sie die Betreffzeile, um den Empfänger oder die Postverteilstelle des Empfängers zu *orientieren.* Altmodisch, aber immer noch besser als die heute verbreitete »Kreativ«-Sülze.

Ein Beispiel für echtes »Unplugged«-Marketing

Unplugged: zu deutsch »mit herausgezogenem Stecker«. Der Begriff kennzeichnet ursprünglich eine wieder in Mode gekommene Art, Musik zu spielen und zu hören. Nachdem in den letzten dreißig Jahren so ziemlich alles ausprobiert worden ist, was die Technik mit den Schallwellen machen kann, haben wir heute einen Stand der Technik, wo wir mehr hörbar machen können, als das menschliche Ohr hört – und dies um ein Vielfaches lauter, als der dran hängende Mensch ertragen kann. Die Gegenrichtung konnte nicht ausbleiben: Musiker fingen an, einfach so auf ihren Instrumenten zu spielen, mit keiner oder nur minimaler Verstärkung. Once again: Back to the roots.

In einem meiner allerersten Seminare saß ein Mann, der zwei Jahre lang ausschließlich für einen einzigen Auftraggeber tätig gewesen war. Seine Branche: die Erstellung von Grafik und technischer Dokumentation. Weil er sich nun auch andere Kunden besorgen wollte, hatte ihm sein ehemaliger Hauptauftraggeber keine weiteren Aufträge mehr gegeben. Im Klartext, er startete wieder bei Null, das hieß, mit null Aufträgen.

In der folgenden Woche setzte er sich hin und schrieb seinen Akquisitionsbrief. Dann fing er an, mehrere hundert Briefe pro Woche auszusenden. Die Auftrage kamen herein, später strömten sie herein. Nach weniger als zwei Monaten war er mehr als ausgelastet, mußte einen neuen Computer anschaffen und eine zusätzliche Kraft einsetzen, um die Aufträge zu bewältigen. Eine Weile schaffte er es gar nicht, weitere Briefe auszusenden. Er zog in eine neue, größere Wohnung. Schickte weitere Briefe aus. Weitere Aufträge, darunter auch größere, strömten herein. In den

Tagen, da ich dieses Buch schreibe, rief er mich an und berichtete mir, daß er soeben die Zusage für einen Auftrag erhalten hatte, der dem Volumen seines halben Jahresumsatzes entsprach.

Das alles wäre nicht weiter bemerkenswert, denn das passiert ja auch anderen Leuten – wäre da nicht der Brief, sein Werbebrief, den er nach meinem Seminar und der Richtschnur des Personen-Marketing geschrieben hatte und den er mir zu meiner Information zusandte. Ich las den Brief und mußte zugeben, daß selbst ich das nicht so hinbekommen hätte. Dieser Mann hatte sich wirklich vollkommen von allen gängigen, ausgelatschten Pfaden der »Unternehmenskommunikation« verabschiedet und tatsächlich – genau nach meiner Gebrauchsanleitung – einen Brief geschrieben, für den jeder Werbetexter in hohem Bogen von seinem Brötchengeber gefeuert worden wäre.

Auf den Seiten 194–197 ist er zu sehen.

Nicht zu fassen, oder? Inklusive Komma- und Rechtschreibfehler. Na und? Lassen Sie mich das kommentieren.

Erstens: »The more you tell, the more you sell.« Zwei Seiten Kleingedrucktes hätten wohl schon den meisten Marketingfachleuten die ersten abfälligen Bemerkungen entlockt.

Zweitens: die äußere Aufmachung. Kein Aufwand. Schwarzweiß, Gestaltung bis auf den spartanischen Briefkopf: Null. Alle Grafikdesigner und Mailinggestalter dürfen jetzt genau dreißig Sekunden lang den Kopf schütteln.

Drittens: Betreffzeile – Orientierung mit Hilfe der Heiratsantrags-Taktik, peng. Alles klar an der Bar, oder?

Viertens: Personen-Marketing – ist der Absender als Person real? Aber sicher!

Fünftens: Interessante Information – ist diese Person in

ihrem Gebiet kompetent? Alle, die ich bisher nach dem Vorlesen gefragt habe, sagten ja.

Sechstens: Glaubwürdigkeit – nehmen Sie ihm ab, was er geschrieben hat? Bisher gab es auch hier keine Einwände.

Und schließlich siebtens: *Können Sie diese Person anrufen?* O ja, kein Problem! Es ist ein Mensch, nicht wahr?

Und es haben Leute bei ihm angerufen, ob Sie es glauben oder nicht. Natürlich haben sie angerufen und vielleicht auch gesagt: »Ja, hoho, Sie Spaghettikoch! Sie haben sich ja da um einen Auftrag beworben!«

»Stimmt«, war seine Antwort.

»Nun, dann kommen Sie halt mal vorbei, wir haben da was für Sie!«

Vergleichen Sie das mit der *»… neuen Dimension einer kurzfristigen Geldanlage«* des Herrn Leiters für Service und Information in seinem bundesweit operierenden Institut. Perfekte gestalterische Arbeit, supergelacktes Werbetexterdeutsch mit Rallyestreifen, und jedes Komma sitzt, verkaufspsychologisch getestet, an der richtigen Stelle. Aber kann man da anrufen? Oder gar beim Direktor Janssen, der schon beim nächsten Brief wieder verschwunden war? Keine Ahnung. Ich konnte es nicht. Wer weiß, wer da ans Telefon geht? Und ich mit meinen rückständigen Kenntnissen über die Hochfinanz hätte doch gar keine Chance, in diesem geweihten Institut von irgend jemandem ernst genommen zu werden.

Lieber Leser, gönnen Sie sich jetzt eine Zigarette oder einen Kaffee, oder was Sie sonst zur Entspannung brauchen. Ich glaube Ihnen gerne, daß Sie etwas geschockt sind. Deshalb habe ich an dieser Stelle noch einige wichtige Hinweise für Sie:

Dieser Brief ist keine Gebrauchsanleitung, sondern ein anschauliches Beispiel. Wenn Sie ein Unternehmen mit

BICHLER
Graphik und Dokumentation
Inhaber: Mathias Bichler
Xxxxxx Straße 0, 00000 Xxxxxx
Tel. 00 00 / 0 00 00 00

BICHLER Graphik und Dokumentation, Xxxxxx Straße 0, 00000 Xxxxxx

Firma Xxxxxxxxx
Xxxxxxxx und Xxxxxxx GmbH
Zu Händen Herrn Xxxxxxxx
Xxxxxxxx Straße 0

00000 Xxxxxxxxxx

01. August 1995

Bewerbung für einen Auftrag im Bereich technischer Grafiken, technischer Dokumentation

Sehr geehrter Herr Xxxxxxxx,

mein Name ist Mathias Bichler. Ich bin der Inhaber der Firma Bichler Graphik und Dokumentation. Ich schreibe Ihnen, weil ich gerne für Sie technische Graphiken oder Dokumentationen erstellen möchte.

Seit dem Ende meines Studiums war ich durchwegs als Freiberufler tätig, das sind nun genau sieben Jahre. Nach vielen verschiedenen Tätigkeiten habe ich vor zwei Jahren die Firma Bichler Graphik und Dokumentation ins Leben gerufen und habe nun einen festen und zwei freie Mitarbeiter.

Schon immer hatte ich eine besondere Gabe und Neigung, technische Zeichnungen und Illustrationen zu machen. In der Schule war es für mich normal, nichts anderes als eine 1 im Fach Technisches Zeichnen zu haben.

Zu meiner ersten techischen Dokumentation kam ich auf etwas ungewöhnliche Weise. Während meines Studiums war ich Mitglied in einem Segelflugverein. Eines Tages mußte ich dort für die ganze Mannschaft Spaghetti kochen. Also gab ich diese in einen riesigen Topf kochendes Wasser. Bald füllten die Spaghetti den Topf aus, das Wasser verdampfte. In dem Kampf, Wasser nachzufüllen vergaß ich die Soße, die leider anbrannte. Nach dem Austeilen des Spaghettibreis entdeckte ich eine 10 cm dicke schwarze Schicht im Spaghettitopf (Dies brachte mir den Beinamen "Kochnix" ein). Zur Strafe wurde ich dazu verdonnert, neue Hallenrangierwägelchen zu bauen. Ich erfand einen recht pfiffigen Mechanismus zum Aufschieben der Segelflugzeuge und erstellte meine erste Dokumentation (was mir leichter von der Hand ging als Kochen). Die Zeichnungen werden noch heute als Geheimtip von Verein zu Verein weitergereicht.

Die Dokumentation für die Hallenrangierwägelchen erstellte ich übrigens auf CAD. Ich war gerade bei MBB im Praktikum und erhielt einen CADAM-Kurs und durfte dort mein Werk zu Papier bringen. Mein Interesse am Computer zu zeichnen war geweckt.

BICHLER Graphik und Dokumentation, Bankverbindung: Xxxxxxxbank, BLZ 000 000 00, Kto.Nr. 0000000000, Tel. 00 00/0 00 00 00, FAX 00 00/0 00 00

Eine meiner ersten beruflichen Tätigkeiten war dann, bei einer mittelständischen Maschinenbaufirma das CAD System Autocad einzurichten. Ich zeichnete dann in einem Jahr über 400 teilweise sehr komplexe CAD-Zeichnungen für die Fertigung. In dieser Zeit schulte ich drei andere Mitarbeiter auf CAD und war für alle Computer dieser Firma verantwortlich.

Ich entwickelte mich weiter, schrieb meine ersten Betriebsanleitungen und fand mein räumliches Vorstellungsvermögen erst richtig genutzt bei der Erstellung von perspektifischer Illustration.

Schließlich spezialisierte ich mich auf den Bereich Graphik und Dokumentation, was mir seit zweieinhalb Jahren sehr viel Spaß macht.

Daher würde es mich sehr freuen, wenn Sie einen Auftrag für mich haben.

Die Zusammenarbeit mit mir ist sehr unkompliziert, meine Preise sind ganz normal. Was meine Kunden sehr schätzen, ist meine rasche Auffassungsgabe, ich brauche keine ellenlangen Erklärungen und finde mich in der Regel in neuen Dingen schnell zurecht.

Ich weiß, daß bei der Dokumentation nicht selten Termindruck herrscht. Für einen sehr guten Kunden von mir habe ich einmal sogar bis in die tiefe Nacht und das ganze Wochenende mit meinem Mitarbeiter durchgearbeitet, um diesen Termin (er war wirklich sehr knapp) zu halten. Und wir haben ihn gehalten, was auch den Auftraggeber erstaunte, er glaubte nämlich selbst nicht daran.

Vielleicht kommen Sie jetzt auf die Idee, daß bei solchen Aktionen die Qualität auf der Strecke bleibt. Nein, bei mir nicht. Ich habe ein System der Qualitätskontrolle eingeführt. Alle meine Produkte werden vor Auslieferung von mir persönlich nocheinmal geprüft. Einmal erhielt ich von einer Textilmaschinenbaufirma einen umfangreichen Erstauftrag. Ich wußte nicht, daß ich dabei im Wettbewerb mit anderen Firmen stand. Eine ortsansässige Firma erhielt dann die Folgeaufträge. Nach einem halben Jahr meldete sich die Textilmaschinenbaufirma wieder, weil sie sich daran erinnerte, daß meine Explosions- und Zusammenbauzeichnungen als einzige fehlerfrei waren, sowohl in technischer Hinsicht als auch in der Benummerung. So erhielt ich weitere Aufträge.

Damit Sie eine Vorstellung haben, was ich für Sie erstellen kann, hier eine Aufzählung:

* Betriebsanleitungen * Instandhaltungshandbücher * Wartungshandbücher *
* Ersatzteilkataloge * Zubehörkataloge * Einbauanleitungen * Montageanleitungen *
* nur die Grafiken zu einem der Vorgenannten als Strichzeichnungen *
* Explosionszeichnungen/Isometrie *

Wenn Sie einen Auftrag für mich haben, rufen Sie mich bitte an,
Telefon 00 00/0 00 00 00, und vereinbaren Sie mit mir einen Termin, um Ihren Auftrag zu besprechen.

Mit freundlichen Grüßen

Mathias Bichler

50 Mitarbeitern haben oder eine EDV-Beratung, die nur Großbanken bedient, oder ein Immobiliengeschäft – nun, ich bin sicher, Sie werden sich etwas anders präsentieren wollen. Und das sollen Sie auch. Es ist auch nicht Pflicht, Rechtschreibfehler einzubauen oder Buchstaben auszulassen. Aber bitte lassen Sie um Himmels willen die Finger vom Akquisitions-Kauderwelsch aus den Werbetexterseminaren. Solch prätentiöser Mist bringt nur Ihre Person zum Verschwinden – und dann sind Sie geliefert! Der Papierkorb wartet schon.

Dieser Brief zeigt Ihnen im Zusammenhang mit dem hervorragenden Erfolg, den der Verfasser damit erzielte, daß es in Wahrheit auf ganz andere Dinge ankommt. Und diese Dinge habe ich in dem vorliegenden Buch zusammengestellt.

Für alle diejenigen, die jedoch trotz meiner Vorrede an den Berufs-Skeptiker immer noch das interdisziplinäre Universal-Allheilmittel suchen, wo man nur noch auf einen Knopf drücken muß und das Geld dann zum Fenster hereingeflogen kommt, gibt es hier die folgende

WARNUNG: Glauben Sie nicht einen Augenblick daran, daß der Text oder die Formulierungen in diesem Brief einen Erfolg garantieren. Sie haben äußerst geringe Chancen, durch schlichtes Abschreiben bestimmter Sätze oder Wendungen einen ähnlichen Auftragsschub für sich zu erzielen. Warum?

Der Verfasser dieses Briefes ist weder ein Texter noch ein Kabarettist. Ich kenne ihn persönlich. Er ist einfach jemand, der sich gut mit technischer Grafik und Dokumentation auskennt und der in meinem Seminar war. **Er hat diesen Brief geschrieben, um auf seine Weise den Zielpersonen**

mitzuteilen, daß er gerne für sie arbeiten möchte. Er war völlig ehrlich dabei und hat es absolut ernst gemeint. Und es hat funktioniert. Leute haben den Brief gelesen, geantwortet und ihn beauftragt. Aber nicht wegen des Textes als Text! Sondern weil der Absender sich zu erkennen gab, sich selbst präsentierte, sich nicht hinter irgendwelchem eindruckschindendem Geschwafel versteckte und weil er wirklich und ehrlich meinte, was er schrieb. Und das sind die Dinge, die Sie nachmachen müssen!

Im folgenden Teil 3 dieses Buches gibt es dann noch weitere, auch »gemäßigte« praktische Beispiele von Personen-Marketing im Einsatz.

Was Sie mit Ihren Kritikern machen sollten

Trotz aller »Mäßigung« werden Sie natürlich für den Fall, daß Sie tatsächlich einen Werbebrief nach meinem Personen-Marketing-Konzept schreiben, ins Kreuzfeuer der Kritik geraten. Freunde werden Ihnen den gutgemeinten Rat geben, daß Sie so etwas doch nicht rausschicken können. Ich kann Ihnen hierzu einen sehr amüsanten Erfahrungswert mitteilen: Mehr als einmal bin ich sogar von Neukunden, die mich angerufen, zu sich geholt und *beauftragt* hatten, für meinen Brief kritisiert worden. Kein Witz! Der Neukunde rief an, weil er meinen Brief erhalten hatte, ich kam rein, man besprach den Auftrag, wurde handelseinig und dann: »… und übrigens, also Ihr Mailing – also, ähem, nun, das ist schon ziemlich – äh, wie soll ich sagen – also, wenn Sie da mal Hilfe brauchen …«

Ich bedankte mich für das Angebot und trug's mit Fassung. Hatten die denn nicht gemerkt, daß ebendieser Brief, der da mit diplomatischen Worten in der Luft zerrissen wurde, *ebendieser Brief* dazu geführt hatte, daß ich überhaupt zu ihnen gekommen war?

Eine Teilnehmerin meines Seminars berichtete mir, daß Sie auf diese Veranstaltung aufmerksam geworden war durch eine Kollegin, die ihr meinen Brief mit den Worten überreicht hatte: »Da, lies dir das mal durch – ein typisches Beispiel, wie man es nicht machen soll!« Sie las es sich durch und meldete sich daraufhin zum Seminar an.

Leute kritisieren einfach aus Gewohnheit. Es steckt überhaupt nichts dahinter. Sie sehen ja an den obigen Beispielen, daß sogar das logische Denken von der Macht der Gewohnheit gelegentlich einfach abgestellt wird.

Machen Sie sich nichts draus. Treffen Sie Ihre Entscheidung, und dann *ziehen Sie Ihre Aktion einfach durch!*

6. Kapitel

Zur Praxis des Personen-Marketing

»Courage ist gut, aber Ausdauer ist besser.«

Theodor Fontane (1819–1898), deutscher Erzähler

Theodor Fontane sagt's in einem Satz. Zum Erfolg gibt es keinen Lift. Man muß die Treppe benutzen. Lockere Sprüche allein werden Ihnen noch keine Aufträge bringen. Auch das Verfahren des Personen-Marketing ist mit etwas Arbeit verbunden. Ein wesentlicher Erfolgsfaktor bei der Anwendung von Personen-Marketing, wie ich es hier beschreibe, ist die *konsequente* Durchführung. Auf der nächsten Seite sehen Sie die 12 Schritte auf einen Blick.

Die Schritte 1, 2 und 3 habe ich bereits besprochen.

Auf der Seite danach geht es weiter mit Schritt 4.

Die gewinnende Strategie – das Verfahren auf einen Blick

1. Definieren Sie Ihr Angebot.
2. Definieren Sie Ihre Zielperson.
3. Schreiben Sie der Zielperson einen persönlichen Brief.
4. Schicken Sie diesen Brief an so viele Zielpersonen wie möglich
5. Schicken Sie weitere Briefe an Ihre Zielpersonen.
6. Messen Sie Reaktionen von neuen Interessenten, die nicht in gerader Linie zu einem Auftrag führen, nur geringe Bedeutung bei.
7. Treffen Sie sich persönlich mit den Interessenten, machen Sie sich bekannt, lernen Sie die Zielperson kennen und präsentieren Sie Ihre Leistungen.
8. Seien Sie darauf vorbereitet, eindeutige Aussagen über Ihren Preis zu machen.
9. Nehmen Sie Aufträge entgegen.
10. Verbraten Sie jeglichen Erfolg, den Sie aufgrund der Schritte 1 bis 9 erzielen konnten, in Ihrem nächsten Brief an Ihre Zielpersonen.
11. Führen Sie genaue Aufzeichnungen über die zählbaren Teil- und Endergebnisse Ihrer Kampagne.
12. Hören Sie nie auf, neue Adressen von Zielpersonen zu sammeln. Forschen Sie ständig nach neuen Möglichkeiten, um die Anzahl an Adressen von Zielpersonen zu vergrößern.

4. Schicken Sie diesen Brief an so viele Zielpersonen wie möglich

»So viele wie möglich« bedeutet: *an alle!* Alle in Ihrer vorher festgelegten Selektion.

Vergessen Sie die handverlesene Feinselektion Ihrer Wunschkunden. Macht nur zusätzliche Arbeit. Vorhersagen darüber, *wer* Ihnen den Job geben wird, können Sie den Astrologen überlassen. Machen Sie sich nicht die Mühe! Denken Sie an den Wettbewerb und dessen maximal ungünstige Ausgangsbedingungen. Laufen Sie nicht dahin, wo alle hinlaufen. Sie werden staunen, wo Ihre Aufträge herkommen!

Wenn Sie gerne Absagen sammeln, dann schicken Sie Ihre Briefe nur an große Firmen, an bekannte, namhafte, »interessante«, »trendige« Zielpersonen, solche, die »in« sind, oder solche, die durch irgendwelche Veröffentlichungen verlautbaren ließen, daß sie eventuell Aufträge vergeben.

So leid es mir tut: *Quantität geht vor Qualität.*

Die meisten Leute, die diesen Satz hören, machen ein Gesicht, als hätte ich gerade vor ihren Augen in eine Zitrone gebissen. Dieser Satz schmeckt nicht, und die meisten sind vom Gegenteil überzeugt. Ich war's auch. Sparen Sie sich das Lehrgeld für zusätzliche Farben, Lackierungen, Überformate, Sonderpapiersorten, Falzungen, Stanzungen, Prägungen, Pop-ups oder andere dreidimensionale »Visualisationskonzepte«, falls Sie es nicht ohnehin schon investiert haben. Den Druckern können Sie immer noch genug Arbeit geben, wenn Sie erstmal die Umsätze eines Großkonzerns haben. Egal, wie viele Provisionsjäger Ihnen das Gegenteil erzählen wollen: Auf den Inhalt kommt es an. Die Qualität Ihrer Werbebriefe sollte nicht mehr als einen

Millimeter über dem gerade noch akzeptablen Minimum liegen, damit es mit dem begrenzten Budget möglich wird, so viele Personen wie möglich anzuschreiben. Auf eine klare Formel gebracht:

Für eine Zielperson, die noch keine Mark Umsatz gemacht hat, nicht mehr als das äußerste Minimum an Werbegeld investieren!

»So viele Zielpersonen wie möglich« bedeutet: So viele, wie es Ihr Budget zuläßt.

Planen Sie ein Budget ein, welches Sie für die Werbekosten bereitlegen werden. Egal, wie niedrig – planen Sie es ein! Es ist ein Ausgabenposten, der regelmäßig anfällt und den Sie niemals vernachlässigen dürfen. Es ist die einzige Chance, für den Fall, daß Sie nicht warten wollen, bis Ihnen die gebratenen Tauben in den Mund fliegen (und das passiert erfahrungsgemäß nur sehr selten).

5. Schicken Sie weitere Briefe an Ihre Zielpersonen

Rechnen Sie nicht damit, daß Ihre erste Aussendung Ihnen schon das Geld für die weiteren bringt. Das ist Urknall-Marketing! Setzen Sie nicht alles auf eine Karte. Wenn die Aktion trotzdem von Anfang an rentabel ist, um so besser.

Verlassen Sie sich niemals, niemals auf die »Ein-Schuß-ein-Treffer«-Philosophie der »Heldenmethode« aus den Märchenwäldern von Hollywood. Fallen Sie nicht darauf herein. Studieren Sie den Abspann dieser Filme, um herauszufinden, wie viele Personen an dem großen Showdown im Hintergrund gearbeitet haben. Überlegen Sie sich selbst, mit welchem Aufwand und wie oft die betreffenden Szenen gedreht werden mußten, bis sie »im Kasten« waren.

Dieses Universum ist nach dem physikalischen Gesetz der Trägheit aufgebaut. Menschen neigen dazu, dieses Gesetz zu imitieren, indem sie mehrere »Anläufe« oder »Anstöße« brauchen, bis sie etwas tun. Denken Sie einfach an sich selbst.

Planen Sie also die ständige Fortsetzung Ihrer Mailing-Kampagne jetzt schon mit ein. Die Kontinuität sollte auch für die Zielpersonen erkennbar sein. Schicken Sie den Zielpersonen immer wieder Briefe. Den zeitlichen Abstand müssen Sie je nach den Umständen selbst bestimmen. Nicht zu häufig, so daß es wirklich eine Belästigung ist (also etwa alle 14 Tage), aber auch nicht zu selten. Manche Posten sind oft nicht einmal ein Jahr lang mit derselben Person besetzt.

6. Messen Sie Reaktionen von neuen Interessenten, die nicht in gerader Linie zu einem Auftrag führen, nur geringe Bedeutung bei

Lassen Sie sich nicht von einer Anzahl schriftlicher Absageschreiben mit den üblichen Textbausteinen beeindrucken. Betrachten Sie es als Reaktion, die besser ist als keine Reaktion. Der wahre Hintergrund von schriftlichen Absagen ist oft vollkommen banal. Stellen Sie sich vor, daß es Büropraktikantinnen gibt, die auch mal mit »Word« üben müssen.

Ignorieren Sie alle »Kein-Bedarf«-Meldungen. Die Zielperson ist fast immer so im Tagesgeschäft fixiert, daß sie das gar nicht beurteilen kann. Schon eine Woche nachdem auf teurem Firmenbütten »kein Bedarf« gemeldet worden ist, könnten dort sämtliche Ablagekörbe händeringend nach Ihrem Brief durchwühlt werden. Nehmen Sie diese Übereifrigen auf keinen Fall aus der Kartei.

Verschwenden Sie nicht Ihre Zeit mit dem Beantworten von »Nonsense-letters«, Kritik oder Anfeindungen wegen des Inhalts Ihrer Briefe oder der Tatsache, daß Sie überhaupt geschrieben haben. Natürlich werden Sie, wenn Sie regelmäßig Briefe rausschicken, auch einige Blödmann-Meldungen erhalten. Lassen Sie sich weder zu einer Beantwortung noch zu irgendeiner Veränderung Ihrer Aktionen hinreißen. Leute, die sich die Zeit nehmen, um eine sinnlose, feindselige oder gar unflätige Antwort auf einen Werbebrief zu schreiben, kann man wirklich nicht ernst nehmen.

Sollte jemand – egal in welchem Ton – ausdrücklich keine Post mehr von Ihnen wünschen, so nehmen Sie ihn einfach aus der Kartei. Außer den Leuten, die tatsächlich verstorben sind, gibt es immer wieder welche, die sich aufführen, als würden ihnen drei Blatt Papier einen körperlichen Schmerz zufügen. Die könnten sowieso nie Ihre Kunden werden, denn was würden die erst sagen, wenn Ihre Rechnung käme?

Schicken Sie Arbeitsproben, wenn das in Ihrer Branche üblich ist, aber nur auf ausdrückliche Anforderung, und betrachten Sie es als reine Höflichkeitsgeste. Wer Arbeitsproben anfordert, hat entweder gar keinen konkreten Job oder will aus einer Anzahl von Bewerbern auswählen (= militärisch geringste Chance auf Sieg). Das mit den Arbeitsproben und aufwendigen Prospekten oder Firmenprofilen ist so eine Sache. Erstens ist es oft teuer, zweitens sind Arbeitsproben die reine Produktpräsentation. Versuchen Sie, ein persönliches Treffen zu vereinbaren, bei dem Sie Ihre Arbeitsproben mitbringen. Ihre Person ist viel wichtiger als Ihr Produkt.

Eine Ausnahme gilt für A&R-Manager, die Bewerbungen von Komponisten erhalten. A&R steht für »Artist and

Repertoire«. Das sind die Jungs in den Plattenfirmen, die selbst lieber Musiker geworden wären und deshalb meistens die verkehrte Musik aussuchen zum Veröffentlichen. Weil es hier immer um die mögliche Verwendung eines Musiktitels geht, will der A&R-Mann den Titel hören. Hier ist es sinnlos, erst einen Brief zu schicken, um zu fragen, ob er das Lied hören will. Er will. Ob er es wirklich hört und was er dann dazu sagt, ist eine andere Sache. Legen Sie, wenn Sie Komponist sind und Ihre Titel schicken, aber auf jeden Fall immer ein Infoblatt mit interessanter Information über Ihre Person bei.

Manche Leute sind derart fixiert auf Arbeitsproben, daß man Sie nicht zu der Einsicht bringen kann, daß ein persönliches Treffen viel effizienter ist. Ich selbst habe in der Zeit, in der ich das Personen-Marketing auf mich selbst als freiberuflichen Dienstleister für Werbeagenturen anwandte, jedoch nur ein einziges Mal einen Auftrag bekommen von einer Firma, die »vorab« Arbeitsproben angefordert hatte. Bei den persönlichen Treffen, die ich mit den Zielpersonen abhielt, hatte ich meine Arbeitsproben dabei. Ich habe viele Aufträge erhalten, aber nicht von den »Arbeitsprobensammlern«.

Messen Sie großen Firmen oder »prominenten« Interessenten keinerlei prominente Bedeutung zu, solange nicht ein konkreter Auftrag auf dem Tisch liegt. Solche Leute wissen sehr wohl, wie gut ihr Name tönt, und nicht selten wollen sie jemanden wie Sie bloß »auschecken«.

Ignorieren Sie Andeutungen oder Ankündigungen, daß man Sie in Kürze oder unter bestimmten Umständen beauftragen wird, vollständig. Verlassen Sie sich auf Ihre eigene Akquisition, nicht auf unverbindliche Äußerungen von Zielpersonen. Solche Voraussagen treten fast nie ein.

Wenn Sie Referenzen oder andere Belege Ihrer Fertigkeiten haben, so weisen Sie jedes Angebot einer kostenlosen »Probearbeit« zurück, auch wenn »bei Gefallen« noch so viele oder attraktive Aufträge in Aussicht gestellt werden. Sie müssen nichts beweisen, und das weiß auch die Zielperson. So jemand will nur von der kostenlosen Leistung auftragshungriger Akquisiteure oder Einsteiger profitieren.

Es gibt Beispiele, die zeigen, daß nicht nur die »unorganisierten« Freiberufler zur Gratis-Präsentation aufgefordert werden. In den Gazetten der Werbebranche ist immer mal wieder über dieses Thema zu lesen. Angeblich sollen auch manche große Agenturen auf diese Schmarotzertour eingehen. Ein Ingenieur erzählte mir von einer besonders haarsträubenden Begebenheit: Eine Angebotsanfrage aus Singapur, welche an alle vier deutschen Unternehmen geschickt worden war, die eine ganz spezielle Maschine herstellten, wurde in allen vier Fällen mit einem vollständigen Angebot beantwortet. Um das Angebot wie verlangt zu erstellen, war die Arbeit von 100 Ingenieurtagen erforderlich gewesen. Aus Singapur kam jedoch kein Lebenszeichen mehr. Nachforschungen ergaben, daß die Adresse, an welche die Firmen die Angebote geschickt hatten, eine Studentenbude war, deren Bewohner diese Offerten für seine Diplomarbeit benötigt hatte. Alle Firmen hatten, ohne genauere Erkundigungen einzuholen, brav ihre 100 Manntage investiert, um ihr Angebot einzureichen.

Seien Sie einfach ehrlich und verlangen Sie eindeutige Hinweise auf ein Interesse des anfragenden Unternehmens an Ihrer Person und eine reale Idee über die konkrete Beauftragung, bevor Sie sich zu einer Reihe von kostenlosen Vorleistungen hinreißen lassen.

7. Treffen Sie sich persönlich mit den Interessenten, machen Sie sich bekannt, lernen Sie die Zielperson kennen und präsentieren Sie Ihre Leistungen

Schon wenn die Zielperson Sie kontaktiert und Ihnen ihr Interesse zu erkennen gibt, tritt sie aus der Anonymität der Zielpersonensorte heraus, und Sie haben eine einzelne Zielperson vor sich. Geistig gesehen steht diese Zielperson nun in Ihrem Laden! Sie müssen bis zu einem gewissen Grad auf ihre individuellen Belange eingehen, denn nun befinden Sie sich bereits mitten im Verkauf.

Verkauf ist nicht der Schwerpunkt dieses Buches, doch soviel zur Erinnerung – auch hier gilt: *Ihre Person wird gewinnen, nicht Ihr Produkt.*

»Verkaufen« Sie nicht, präsentieren Sie. Produkte sind austauschbar, werfen Sie Ihre Person in die Waagschale. Stellen Sie sich vor. Machen Sie sich bekannt, geben Sie der Zielperson die Gelegenheit, Sie kennenzulernen.

Präsentieren Sie Ihre Produkte in moderater Weise, mit mäßigem Nachdruck – vergewissern Sie sich bei jedem Satz, den Sie sagen, daß Ihr Gegenüber noch mit seinem Interesse bei Ihnen ist. Hören Sie ihm zu und beantworten Sie seine Fragen. Seien Sie sympathisch und behalten Sie Ihre natürliche Würde. Sie sind kein Missionar und auch kein Bittsteller. Sie präsentieren sich und Ihre Leistungen, und die sind nicht von der Art, daß Sie sich verstecken, sich rechtfertigen oder gar entschuldigen müßten.

Keine qualifizierte Zielperson, die einem Treffen zugestimmt hat, wird Sie dafür ins Unrecht setzen, daß Sie sich präsentieren. Sollte die Zielperson etwas sagen, das Ihnen nicht gefällt, so diskutieren Sie nicht, selbst wenn es in Ihr Fachgebiet fällt. Dies ist ein erstes Kennenlerngespräch und keine Auseinandersetzung nach zehn Jahren Ehe. Vermeiden Sie, Ihrer Zielperson am Zeug zu flicken, auch wenn Sie merken, daß Sie sich besser auskennen. Denn die alte Verkäuferregel lautet: *Eine gewonnene Diskussion ist ein verlorener Abschluß.*

Seien Sie nicht verstimmt, wenn die Zielperson nicht gleich kauft. Sie kauft entweder freiwillig oder gar nicht. Bleiben Sie sympathisch – und denken Sie an Punkt 5: »Sendepause«.

Bedenken Sie auch hier den wahren Gesichtspunkt der Zielperson: Sie will nicht nur wissen, ob Sie ihren Auftrag ausführen können, sondern auch, ob sie menschlich mit Ihnen zurechtkommen wird. Manchmal ist das für sie sogar um einiges wichtiger. Sorgen Sie Ihrerseits dafür, daß Sie soviel wie möglich über den wahren Gesichtspunkt der Person herausfinden, die vor Ihnen sitzt. Seien Sie interessiert an der Zielperson, stellen Sie Fragen und lassen Sie die Zielperson antworten. Vergewissern Sie sich, wenn nötig, daß Sie die Antwort richtig verstanden haben.

Es gelten dieselben Regeln, die auch für Ihren Brief gegolten haben: Sie präsentieren sich und Ihre Leistungen, um einen Auftrag zu erhalten. Es gibt keinen anderen Zweck für dieses Treffen. Es ist nichts verkehrt daran, in diesem Punkt der Zielperson gegenüber völlig offen zu sein.

8. Seien Sie darauf vorbereitet, eindeutige Aussagen über Ihren Preis zu machen

Unterschätzen Sie nicht die verkaufsfördernde Wirkung einer prompten Preisinformation. Kaufbereite Interessenten wollen immer den Preis wissen. Denken Sie einfach an sich selbst! Wenn Sie den Kauf eines Produktes ernsthaft erwägen, dann interessiert Sie auch der Preis. Wieviel müssen Sie dafür hinlegen? Es ist eine natürliche Gewohnheit.

Rechnen Sie also damit. Wenn Sie auf die Frage nach dem Preis »herumdrucksen«, programmieren Sie die Zielperson, bei ihrer Kaufentscheidung ebenfalls herumzudrucksen. Die Zielperson kann nicht leicht kaufen, wenn unklar sein könnte, was es kostet.

Bestimmt haben Sie als Dienstleister schon oft erlebt, daß die Zielperson, in Unkenntnis der Sachlage oder aus reiner Unsicherheit, schon nach dem Preis fragt, noch bevor überhaupt klar ist, was sie haben will. Nun, fragen Sie sie aus. Sie wird dann anfangen, ihre Wünsche zu äußern, was schon fast eine Bestellung ist. Nennen Sie ihr im Zweifelsfall Beispiele von Produkten, die Sie in der Vergangenheit geliefert haben und zu welchem Preis. Seien Sie auf alle Fälle vorbereitet auf die Frage nach dem Preis. Sie wird kommen. Auf keinen Fall dürfen Sie die Person in dem Gefühl davongehen lassen, daß sie noch keine Vorstellung darüber hat, was da für Kosten auf sie zukommen.

Nennen Sie realistische Preise. Zu niedrige Preise sind weit häufiger der Grund, warum die Zielperson nicht kauft, als man gemeinhin annimmt. Die Zielperson hat in der Regel mehr Angst vor der Möglichkeit, daß sie ein unbrauchbares Produkt bekommt, als davor, daß sie einen zu hohen Preis bezahlt. Halten Sie es mit dem englischen Sozialreformer John Ruskin:

»Es gibt kaum etwas auf dieser Welt, das nicht irgend jemand ein wenig schlechter machen und etwas billiger verkaufen könnte, und die Menschen, die sich nur am Preis orientieren, werden die gerechte Beute solcher Machenschaften.

Es ist unklug, zuviel zu bezahlen, aber es ist noch schlechter, zuwenig zu bezahlen. Wenn Sie zuviel bezahlen, verlieren Sie etwas Geld, das ist alles. Wenn Sie dagegen zuwenig bezahlen, verlieren Sie manchmal alles, da der gekaufte Gegenstand die ihm zugedachte Aufgabe nicht erfüllen kann.

Das Gesetz der Wirtschaft verbietet es, für wenig Geld viel Wert zu erhalten. Nehmen Sie das niedrigste Angebot an, müssen Sie für das Risiko, das Sie eingehen, etwas hinzurechnen. Und wenn Sie das tun, dann haben Sie auch genug Geld, um für etwas Besseres zu bezahlen.«

John Ruskin (1819–1900), englischer Schriftsteller, Kunstkritiker und Sozialphilosoph

9. Nehmen Sie Aufträge entgegen

Das Entgegennehmen der Aufträge ist das Tor bei dem ganzen Spiel. Darauf kommt es an. *Wie* Sie das machen, ist ein wichtiger Teil Ihres Personen-Marketing.

Triumphieren Sie nicht zu laut, aber verfallen Sie auch nicht in duckmäuserisch ergebene Hofknickse. Spielen Sie nicht den gnädigen Herrn oder die gnädigste Dame, so daß der Auftraggeber froh sein kann, daß Sie sich überhaupt mit ihm abgeben.

Machen Sie einfach keine große Sache aus diesem Punkt. Lassen Sie Ihren Auftraggeber spüren, daß Sie sein Vertrauen zu schätzen wissen und daß Sie gerne für ihn arbeiten.

Seien Sie wie jeder gute Verkäufer bestrebt, dem Kunden nach getroffener Kaufentscheidung die Sicherheit zu geben, daß er richtig gewählt hat.

10. Verbraten Sie jeglichen Erfolg, den Sie aufgrund der Schritte 1 bis 9 erzielen konnten, in Ihrem nächsten Brief an Ihre Zielpersonen

Zurück zur Werbung: Hier haben Sie eine Richtschnur, auf welche Weise Sie Ihre Briefe aktualisieren können, wenn

Sie dieselben Zielpersonen wieder beschicken. Achten Sie aber darauf, daß Ihr Anliegen dasselbe bleibt. Sie wollen die Zielperson kennenlernen, um einen Auftrag zu erhalten und die Zielperson als Kunden zu gewinnen.

Beziehen Sie sich in späteren Aussendungen niemals auf frühere. Rechnen Sie nicht damit, daß die Zielperson Ihren letzten Brief gelesen oder noch in Erinnerung hat. Machen Sie keine Fortsetzungsromane. Fangen Sie einfach in einer neuen Zeiteinheit wieder von vorne an. Daß jemand nicht reagiert, kann an einer Unzahl von Gründen liegen, die gar nichts mit Ihrem Angebot zu tun haben.

Bleiben Sie bei dem Schema, daß Sie Ihren Zielpersonen immer wieder die gleiche Botschaft rüberbringen: daß Sie arbeiten, daß Sie gut arbeiten, daß Sie zur Zufriedenheit Ihrer Kunden arbeiten, daß Sie auch für den Adressaten des Briefes arbeiten möchten.

Es gilt die alte chinesische Weisheit: *»Wenn du etwas wirklich erledigt haben willst, dann gib es einem, der schon sehr viel zu tun hat.«*

Die meisten Zielpersonen halten sich daran. Sie denken, wenn jemand keine Arbeit hat, dann muß es dafür einen Grund geben. Das Arbeitsamt hat größte Mühe, selbst Leute zu vermitteln, deren Berufe in der freien Wirtschaft gefragt sind.

Versäumen Sie also keine Gelegenheit, Ihre ständig wachsende Referenzliste zu verbreiten. Wenn Sie das altmodisch finden, dann erinnern Sie sich einfach an den wahren Gesichtspunkt der Zielperson. Beim Geldausgeben sind die Leute nun mal etwas altmodisch.

Wenn Sie Referenzschreiben Ihrer Kunden haben, noch besser. Zitieren Sie aus ihnen oder legen Sie sie Ihren Briefen bei. Fragen Sie Ihre guten Kunden nach solchen Referenzschreiben. Wenn Sie sie gut beliefert haben, wer soll Ihnen abschlagen, daß Sie das schriftlich bestätigt bekommen?

Halten Sie Ihre Referenzliste auf dem neuesten Stand und verlassen Sie sich auf die »Dampfwalzen-Strategie«: Hören Sie nicht auf, den Zielpersonen Briefe zu schicken, in denen Sie ihnen berichten, daß Sie viele Aufträge erfolgreich abwickeln.

11. Führen Sie genaue Aufzeichnungen über die zählbaren Teil- und Endergebnisse Ihrer Kampagne

Mehrere Teilergebnisse führen schließlich zu dem Endergebnis, das Sie eigentlich haben wollen. Ich habe diesen Punkt der Vollständigkeit halber eingefügt, denn es war immer ein Teil meiner erfolgreichen Aktionen, daß ich den Fortgang meiner Werbekampagne zahlenmäßig erfaßte und deren Erfolg auf diese Weise überwachen konnte.

Zählbare Werte, über die Sie Aufzeichnungen führen sollten, sind zum Beispiel: Anzahl der Briefe an Zielpersonen, Anzahl der Termine, die Sie mit neuen Interessenten abhalten, Auftragseingang in DM.

Finden Sie die für Sie passenden zählbaren Werte. Sie müssen zählbar sein, und sie sollten eine korrekte Aussage über die Teil- und Endergebnisse machen, die Sie wirklich herstellen und die Sie wirklich haben wollen.

Es lohnt sich, diese Werte sowohl wöchentlich als auch monatlich zu erfassen und mit Hilfe von Statistikkurven graphisch darzustellen und die Entwicklung über einen größeren Zeitraum hinweg zu verfolgen.

12. Hören Sie nie auf, neue Adressen von Zielpersonen zu sammeln. Forschen Sie ständig nach neuen Möglichkeiten, um die Anzahl an Adressen von Zielpersonen zu vergrößern

Stabilität ist so ziemlich das Instabilste, was es gibt. Stillstand ist Rückschritt. Wenn Sie die Menge Ihrer Zielpersonen nicht ständig vergrößern, dann wird sie sich verkleinern. Märkte ändern sich. Zielpersonen sterben oder gehen in Pension. Neue Zielpersonen kommen nach, die noch nicht von Ihren Konkurrenten zugelabert sind. Nutzen Sie jede Gelegenheit, neue Zielpersonen in Ihre Kartei aufzunehmen.

Adreßquellen gibt es vielerlei. Am einfachsten ist das Branchenbuch. Auch die IHK bietet Adressen an, die etwas aktueller sind. Inzwischen sind Adreßzusammenstellungen von mehreren Anbietern als CD-ROM herausgekommen. Verwenden Sie eine preisgünstige Quelle. Es lohnt sich nicht, allzu teure Adressen zu kaufen. Auch ein professioneller Adreßanbieter kann nur mit Wasser kochen. Adreßverlage, bei denen Sie Adressen nur mieten, nicht aber kaufen können, sind eine eher teure Investition. Sie dürfen solche Adressen nur ein einziges Mal verwenden. Wenn Sie sich an Punkt 4 halten und den gleichen Zielpersonen immer wieder Briefe schicken, müssen Sie immer wieder zahlen. Die Stärke solcher Adreßverlage liegt in besonderen Feinselektionen, die nur in Ausnahmefällen wirklich nötig sind.

Schicken Sie lieber mehr Briefe aus, als daß Sie Ihr Geld für Selektionsverfahren ausgeben, die im Prinzip nur dazu führen, daß bestimmte Leute *keine* Briefe von Ihnen bekommen.

Entwickeln Sie Phantasie und ein detektivisches Gespür,

wenn es darum geht, neue Zielpersonen zu ermitteln. Es ist egal, mit welcher Methode Sie arbeiten, um an neue Adressen von Zielpersonen zu gelangen, aber, um Gottes willen, hören Sie niemals auf damit.

Die Einfachheit der Sache

Auch wenn ich Ihnen nun ziemlich viel erzählt habe, so ist doch der Grundgedanke des Personen-Marketing, die Sache möglichst *einfach* zu lassen. Das Wesentliche der Methode sind diese vier Komponenten:

Erstens: **Sie nehmen Ihren wahren eigenen Gesichtspunkt ein.**

Zweitens: **Sie bekommen irgendeine Idee vom wahren Gesichtspunkt der Zielpersonen.**

Drittens: **Sie kommunizieren Ihren wahren eigenen Gesichtspunkt auf verständliche Art zu Ihren Zielpersonen.**

Viertens: **Sie kommunizieren Ihren eigenen Gesichtspunkt in Abständen *immer wieder* zu Ihren Zielpersonen.**

Unter Zuhilfenahme ihres inneren Schweinehunds neigen Leute dazu, die Wichtigkeit dieses *immer wieder* zu unterschätzen. Sie glauben, die Dinge sollten nach dem Muster einer Einwegspritze funktionieren und nach der ersten Injektion innerhalb von zehn Minuten ihre gesamte Karriere umkrempeln. Sie machen eine einzige Aussendung und harren der Dinge, die da kommen werden. Das ist das Urknall-

Marketing. Ich kann es deshalb hier nur noch einmal wiederholen:

Sie müssen *immer wieder* Briefe ausschicken. Dadurch *bestehen* Sie einfach auf Ihrer Kommunikation und Ihrem Gesichtspunkt. Das ist es, was wirkt.

Es kann Ihnen passieren, daß tatsächlich – auch auf wiederholte Aussendungen – keine oder zuwenig Antworten kommen. Dann müssen Sie Ihr Angebot und vor allem Ihre Annahmen über den wahren Gesichtspunkt der Zielperson überprüfen. Offensichtlich stimmt da etwas nicht. Egal, wie sehr Sie selbst davon überzeugt sind, daß Sie recht haben und es richtig gemacht haben. Denken Sie an die Dinge, die ich im Kapitel 3 (Der Kunde, das unbekannte Wesen) beschrieben habe, und informieren Sie sich über Ihre Zielpersonen.

Und dann schicken Sie wieder Briefe aus. Nach dem Grundsatz der Stärke ist die Anzahl der Briefe ein auf übergeordnete Weise entscheidender Faktor für einen Sieg. Lassen Sie sich nicht davon abbringen.

Wenn Sie in Ihrem Fach ein fähiger Experte sind, sich ehrlich für die Lieferung Ihres Produktes einsetzen und Ihnen Ihr Beruf so viel Spaß macht, daß Sie ihn auch ernst nehmen, dann können Sie mit der konsequenten Durchführung Ihres eigenen Personen-Marketing leicht so viele Aufträge bekommen, daß Sie sich schon bald die Arbeit aussuchen können.

TEIL 3

Drei Anwendungsbeispiele

Hier sind drei Beispiele von erfolgreich durchgeführtem Personen-Marketing. Vorweg einige Anmerkungen:

Für den Berufs-Kritiker

Was immer der Leser über die Zahlen und Aufträge denken mag, die hier erzielt wurden – aus der Sicht des jeweiligen Anwenders waren die Aktionen erfolgreich. Das bedeutet, daß nicht ich, sondern die Anwender selbst der Meinung waren, daß sie mit der Methode des Personen-Marketing nach meinem Seminar besser gefahren sind als vorher. Mehrere von ihnen haben mir das auch schriftlich bestätigt.

Selbstverständlich haben die Personen, die hier erwähnt werden, mir die ausdrückliche Erlaubnis dazu erteilt und die Wahrheit des veröffentlichten Inhalts bestätigt.

Für alle diejenigen, die immer noch den bequemen Fahrstuhl zum Erfolg suchen

... und glauben, es gebe diesen Knopf, auf den man nur draufdrückt, und dann komme das Geld zum Fenster hereingeflogen, erfolgt hier erneut meine ausdrückliche Warnung:

Dieses Buch ist keine Anleitung zum Texten von Werbebriefen. Nicht die Formulierungen in diesem Brief sind es, die den Akquisitionserfolg bringen. Nicht die verbalen Wendungen oder gar ein bewußt unbeholfener Stil machen einen solchen Brief. Auch keine kabarettistischen Einlagen oder Clownerien. Nichts, was irgendwie »nachgemacht« wurde. Personen-Marketing ist keine Masche, sondern basiert auf der ungeschminkten Ehrlichkeit und der Individualität eines lebendigen Wesens.

Nicht alles, was in den folgenden Briefen steht, hätte ich selbst so geschrieben oder unbedingt gutgeheißen. Darauf kommt es aber auch gar nicht an.

Die Briefe enthalten schlicht Ideen über den wahren Gesichtspunkt des Absenders, der hier ehrlich und wahrhaftig kommuniziert wird, ohne Verkaufsförderungsschnörkel, psychologische Hintergedanken oder andere intellektuelle Verrenkungen.

Doch nun zu den Briefen selbst.

Beispiel 1:
Ausgebucht für mehrere Monate – mit Personen-Marketing

Ein Beispiel für eine – im Vergleich zu den Spaghetti aus Mathias Bichlers Brief – sehr moderate, eher nüchterne, dennoch außerordentlich erfolgreiche Umsetzung von Personen-Marketing ist der Werbebrief dieses EDV-Beraters. Schon seit geraumer Zeit hatte er mit so gut wie keinem Erfolg versucht, Kunden für EDV-Seminare zu gewinnen. Sein Werbebrief, den er nach dem Besuch meines Seminars schrieb, ist ein hervorragendes Beispiel für die Wirksamkeit von Personen-Marketing. Die Briefe wurden auf preiswerteste Weise hergestellt. Schwarzweiß, normales Papier, keine Schnörkel, keine Gestaltung, kein gedruckter Briefkopf – nichts, was viel Geld kostet. Nur Text:

Siehe Briefabbildung auf den Seiten 224–227.

Er schickte jede Woche mehrere hundert Briefe aus, die er (mit der Hilfe seiner Frau) selbst ausgedruckt und konfektioniert hatte. Auf den Seiten 228–229 steht sein Brief an mich – der die Ergebnisse wahrhaft für sich sprechen läßt:

Dipl.-Inform. M. Farghaly

[redacted]

Dipl.-Inform. M. Farghaly · [redacted]

Herrn Stefan Gebhardt-Seele
Volkartstr. 13

D-80634 München

[redacted]
den 22.5.1995

Sehr geehrte Damen und Herren,

mein Name ist Mansour Farghaly. Ich bin Deutsch/Ägypter und seit meinem Diplom in Informatik an der TH Darmstadt im Jahre 1985 professionell in der EDV tätig. Ich konnte dabei in verschiedenen Bereichen von der Programmierung bis zur DV-Projektbetreuung, hauptsächlich im Bereich Netzwerke, intensiv Erfahrungen sammeln.

Im folgenden bewerbe ich mich darum für Sie Windows NT Kurse durchzuführen.

Seit Mitte 1993 biete ich Schulungen für das neue Betriebssystem von Microsoft, Windows NT. Ich kann in diesem Bereich sofort folgende Kurse anbieten:

Windows NT für Einsteiger

Windows NT für Fortgeschrittene

Windows NT Praxisseminar (Workstation und Server)

In Vorbereitung: **Einführung in die Programmierung von Windows NT**

Dazu einige Aussagen von Teilnehmern meiner bisherigen NT-Kurse:

"Sehr gutes solides, breitgefächertes Know-how des Dozenten"
Herr Boris B., Firma S+W, [redacted]

"Extrem informativ, gute Gliederung, hervorragendes Eingehen auf die Teilnehmer - sehr interessant"
Herr Christoph D., Fa. Xaver Leiped

Heutzutage schleicht sich Windows NT immer mehr in die Gunst der EDV-Abteilungen ein. Im Jahre 1993 galt es noch angesichts der überwältigenden Anzahl von Novell-Implementationen in deutschen Firmen als fast aussichtslos, daß sich noch ein weiteres Netzwerk-Betriebssystem etablieren könnte.

Doch die Firma Microsoft hat in diesem Bereich die Zeit nicht unnütz verstreichen lassen und sein Produkt stetig verbessern können.

Inzwischen gibt es eine Art "heimlichen Run" auf Windows NT. Gerade bei mittelständischen und auch großen Firmen wird in immer mehr Projekten Windows NT insbesondere als Downsizing-Plattform eingesetzt. An diesem Punkt ist eine viel bessere Kenntnis des Produktes und seiner Möglichkeiten unabdingbare Voraussetzung für den effektiven Einsatz.

Mein persönliches Ziel ist es, bei jedem Teilnehmer, der dazu bereit ist, ein solides Verstehen des Fachgebietes herbeizuführen.

Bei einem Engagement meiner Person ist Ihr Nutzen, daß ein hochkomplexes Thema wie Windows NT sich bei mir in professionellen Händen befindet.
Meine Kenntnisse bestehen nicht aus kurzfristig und oberflächlich angeeignetem Wissen sondern die Teilnehmer können auch "tiefer bohren", weil das Wissen aus langjähriger Erfahrung im Bereich Netzwerke und Betriebssysteme stammt, nicht nur alleine aus der Kenntnis eines einzelnen Produktes. Da gerade Seminare in etwas offeneren Themen wie Betriebssysteme und Netzwerke sehr stark von der Kompetenz des Trainers abhängen sollten Sie an diesem Punkt keine Kompromisse eingehen. Der Unterschied sind entsprechend zufriedene Teilnehmer und Kunden.

Ich führe auch gerne Schulungen mit "schwierigen" Teilnehmern durch, bei denen andere Trainer dieses Bereiches eher abwinken würden, wie etwa bei Inhouse-Schulungen von Programmierern.

Es würde mich freuen auch für Sie in Zukunft tätig werden zu können.
Rufen Sie mich an unter [redacted] (mit Anrufbeantworter bei Abwesenheit)
oder mobil [redacted]
Sollten Sie mich nicht persönlich erreichen bitte ich Sie, auf dem Anrufbeantworter eine kurze Mitteilung mit der Zeit Ihrer besten Erreichbarkeit zu hinterlassen. Ich rufe zurück.

Mit freundlichem Gruß

(M. Farghaly)

Dipl.-Inform. M.Farghaly

[redacted]

Tel: [redacted]
Fax: [redacted]

M. Farghaly · [redacted]

Mantakos Marketing
Volkartstr. 13

80634 München

München, der 2.11.1995

Sehr geehrte Frau Mantakos, sehr geehrter Herr Gebhardt-Seele,

aufgrund der anhaltend guten Resonanz, die ich mit meiner Werbung erziele, seit ich das im Seminar vorgestellte Personenmarketing verwende, möchte ich Ihnen die folgenden Zeilen als Feedback zukommen lassen.

Seit 1986 bin ich als Diplom-Informatiker in der Computerbranche selbständig tätig. Vor Ihrem Seminar war das Thema Marketing für mich ein rotes Tuch gewesen. Ich hatte schlechte - im Klartext - teuere Erfahrungen gemacht und viele tausend Mark und viel Zeit verloren bei dem Versuch zusätzlich zu meinen technischen Beratungen auch EDV-Seminare anzubieten. Ich hatte mir ein neues Logo entwerfen, Briefpapier und Werbematerial drucken lassen, Adressen gekauft und versucht, potentielle Kunden auf allen möglichen Kanälen wie Post, Telefon und Anzeigen anzusprechen.

Als ich von Herrn Gebhardt-Seele auf sein Seminar "Immer gute Auftragslage" angesprochen wurde, war ich daher skeptisch. Trotzdem besuchte ich das Seminar - und fand die dort vorgestellten Verfahren überraschend einfach, praxisbezogen, und leicht zu durchblicken. Ich habe dann die

Schon nach der allerersten Anwendung des von Herrn Gebhardt-Seele empfohlenen Personenmarketings stand das Telefon nicht mehr still. Ich fing an, Kunden zu besuchen und Aufträge einzusammeln. Ich verbesserte meine Werbung immer mehr. Woche auf Woche lief es von da ab immer besser.

Inzwischen sind mehrere Monate vergangen. Der anfängliche Trend hat angehalten. Sicher gab es auch Auf und Abs. Erstaunlicherweise waren aber die Abs immer gerade die Zeiten, wo ich aufgehört habe meine erfolgreichen Marketingaktionen weiter zu betreiben! Nahm ich sie dann wieder auf, ging es wieder los und das Telefon stand nicht mehr still.

Alle meine jetzigen Kunden haben mich - genau wie im Seminar vorhergesagt - von sich aus angerufen oder angeschrieben. Ich mußte keinem Kunden hinterherlaufen, die Werbeaktionen konnte ich - mit gelegentlicher Hilfe meiner Frau - leicht selbst durchführen.

Ich habe jetzt einen Stamm zufriedener Kunden, der jede Woche weiter wächst. Ich bin für die nächsten 2 Monate vollständig ausgebucht und habe darüber hinaus jede Menge Interessenten und Anfragen, so daß ich mir für das nächste Jahr eigentlich keine Sorgen mehr zu machen brauche.

Vor kurzem habe ich einen Kunden gewonnen, der schon von meiner Referenzliste alleine so beeindruckt war, daß er mich spontan für eine Programmierer-Schulung engagierte. Als er mir das sagte, mußte ich mir ein Lächeln verkneifen: Immerhin hatte ich in diesem Gebiet vor wenigen Monaten praktisch keine Referenzen vorzuweisen gehabt. So schnell kann das gehen.

Nach 5 Monaten erfolgreicher Anwendung der Seminardaten "Immer gute Auftragslage" kann ich nur urteilen:

"Hat sich mehr als gelohnt - äußerst empfehlenswert"

Mit freundlichen Grüßen

M. Farghaly

(M. Farghaly)

Beispiel 2:
Personen-Marketing für eine feste Anstellung

Das folgende Beispiel ist eine interessante »Exoten-Anwendung«. Dennoch ist dieses Vorgehen vollkommen logisch und, mit Blick auf das Ergebnis, hoch wirksam. Ein Designer aus Hamburg, der an meinem Seminar teilgenommen hatte, wandte die Prinzipien des Personen-Marketing auf seine Frau an, die sich um eine feste Anstellung bewerben wollte.

Als Hintergrundinformation muß man folgendes wissen: Nur sehr selten wird heute eine Stelle für einen Arzt »unbefristet« ausgeschrieben. Das bedeutet, die meisten Arbeitsverträge gehen über ein bis drei Jahre, danach muß der Arzt sich erneut bewerben und, falls der Vertrag nicht verlängert wird, sich eine andere Stelle suchen, damit sehr wahrscheinlich an einen anderen Ort umziehen. Das bedeutet, daß für die Stelle, die hier eben »unbefristet« ausgeschrieben war, eine ordentliche Anzahl an Kandidaten aufmarschierte. Etwa 80 bis 100 Bewerbungen gingen ein, davon wurden zehn zu einem Gespräch eingeladen. Darunter die Frau des Grafikdesigners, die dann auch die begehrte Stelle erhielt. Auf den Seiten 232–233 ist ihr Bewerbungsbrief abgebildet.

Obwohl ich von »werbigen« Formulierungen in der Betreffzeile normalerweise strikt abrate (siehe weiter vorne im Buch), ist die vorliegende Lösung eine gelungene Ausnahme. Zwei klare Gedanken, die beide dem Gesichtspunkt der Zielperson sehr entgegenkommen. Moderat und ohne Schnörkel präsentiert und vor allem, und nur daher anzuraten: absolut unüblich bei solchen Bewerbungsschreiben. (Der einzige Grund, warum ich in Business-to-Business-

Kommunikation von diesen schlagwortartigen »Werbe-Betreffs« nichts halte, liegt darin, daß es dort jeder macht.)

Beim Bewerbungsgespräch selbst sprach der einstellende Chefarzt die Kandidatin gleich auf das Bewerbungsschreiben an. Er sagte, daß er sehr angetan gewesen sei von der Kommunikation und der Form der Bewerbung, die sich von allen anderen deutlich abgehoben hatte.

Natürlich hatte auch die berufliche Qualifikation der Bewerberin gepaßt, doch das hätte mit Sicherheit auch auf einige andere Aspiranten zugetroffen, die gar nicht erst zum Gespräch eingeladen worden waren. Stellen Sie sich einfach vor, Sie selbst hätten 100 Bewerbungen erhalten und müßten nun diejenigen zehn heraussuchen, deren Absender Sie zu einem Gespräch einladen wollen. Sie wollen schließlich nicht Ihr ganzes freies Wochenende mit dem genauen Durchlesen von hundert Zuschriften verbringen.

Sie sehen, auch ein Bewerbungsschreiben für eine feste Anstellung kann ihnen die Tür öffnen und einen guten Einstieg für die persönliche Vorstellung verschaffen, wenn Sie Ihr eigenes Personen-Marketing dafür einsetzen.

MICHAELA PERGAMOS

TELEFON: [redacted]

[redacted]

MICHAELA PERGAMOS · [redacted]

Herrn Dr. med. [redacted]
Chefarzt der Geriatrie im
Zentralkrankenhaus [redacted]

20. September 1995

Qualifiziert und motiviert.

Sehr geehrter Herr Dr. [redacted]

die im [redacted] ausgeschriebene Stelle für eine Ärztin im geriatrisch-rehabilitativen Bereich ist für mich von besonderem Interesse, da ich in absehbarer Zeit beabsichtige, mit meinem Mann und meinen beiden Kindern in meine Heimatstadt [redacted] oder Umgebung zurückzukehren.

Zur Zeit lebe ich in [redacted] und war 3 1/2 Jahre im AK [redacted] als Ärztin tätig.
Als ÄiP arbeitete ich auf der Inneren Abteilung mit 150 Betten, der eine Intensiv-Station

angegliedert ist. So habe ich neben Aufnahme- und Stationsarbeiten auch intensiv-medizinische Kenntnisse erworben.
Anschließend leitete ich als Assistenzärztin zusammen mit einer Kollegin eine Station der Abteilung für physikalische Therapie und Frührehabilitation, der eine Tagesklinik angeschlossen ist. Das Patientenklientel setzte sich überwiegend aus geriatrischen Patienten zusammen, bei denen internistische und chirurgische, zum Teil auch neurologische Erkrankungen vorlagen.

Meine Doktorarbeit im Gebiet der Orthopädie ist fertiggestellt und liegt zur Korrektur vor, sodaß die Promotion noch aussteht.

Ich bin der Meinung, dem Anforderungsprofil Ihrer Stellenausschreibung zu entsprechen, da mir die rehabilitative Arbeit vor allem mit alten Menschen vertraut ist.
Multiprofessionelle Teamarbeit mit Krankengymnasten, Masseuren, Ergotherapeuten und Logopäden ist mir bestens bekannt.
Die Lösung sozialmedizinischer Aufgabenstellungen, wie z.B. der Altenversorgung und -wiedereingliederung, in Zusammenarbeit mit Ärzten, Sozialarbeitern und Psychologen, gehörte zu meinem Aufgabengebiet.

Zur Zeit steht noch die Versorgung und Betreuung meines drei Monate alten Säuglings im Vordergrund. Daher ist für mich ein Eintrittstermin ab Februar '96 wünschenswert.

Sicher ist es interessant, einige Punkte direkt an Ort und Stelle zu besprechen. Ich würde mich daher über ein persönliches Gespräch mit Ihnen sehr freuen und verbleibe bis dahin

mit freundlichen Grüßen –

M. Pergamos

Michaela Pergamos

Beispiel 3:
Eigenwerbung einer Werbeagentur mit Personen-Marketing

Für das dritte Beispiel in diesem Buch hatte ich Gelegenheit gehabt, selbst für meinen Kunden in Sachen Personen-Marketing zur Feder zu greifen.

In einer deutschen Großstadt saß ein Mann in meinem Seminar, dem mein Konzept gut gefiel. Herr Köhler ist Geschäftsführer einer Werbeagentur, er war seinerzeit über die Fotografie ins Geschäft gekommen und bat mich nun, seinen Werbebrief zu texten. Gerne nahm ich diesen Auftrag an und schrieb für ihn und sein Unternehmen den Akquisitionsbrief (siehe Abbildung auf den Seiten 236 bis 239):

Man sollte vielleicht anmerken, daß Werbeagenturen und verwandte Unternehmen für ihre Eigenwerbung nicht selten aufwendige und umfangreiche Hochglanzbroschüren verschicken, die manchmal zusätzlich auf die raffinierteste Weise verarbeitet sind. Da sieht man Sonderpapiere, Lackierungen, Falzungen, Stanzungen, Prägungen, Klappseiten, Pop-ups, Vierfarbdruck, großformatige Fotos oder Illustrationen, bis ins letzte durchgestylte Typographie – um die Vielfalt ihrer Produktionsmöglichkeiten und ihre Kreativität zu zeigen.

Das vorliegende Mailing enthält nichts dergleichen. Es verwendet das existierende zweifarbige Briefpapier der Agentur und besteht aus schlichten zwei Seiten Tintenstrahldruck.

Herr Köhler berichtete mir am Telefon, daß die Reaktion auf diesen Werbebrief in zweierlei Hinsicht erstaunlich gewesen war: Zum einen hatten ihn sämtliche Kollegen, Freunde und Mitarbeiter der Agentur für verrückt erklärt (wörtlich: er sagte »verrückt«). Einige fragten ihn besorgt, ob man denn »die Aussendung nicht noch stoppen könnte«. Zu spät. 500 Briefe gingen an Unternehmen in der Umgebung. Die zweite Sorte von Resonanz können Sie dem Brief entnehmen, den ich daraufhin von Herrn Köhler erhielt (siehe Abbildung auf den Seiten 240 bis 241).

Jan Köhler
Kommunikation

THYSSEN UMFORMTECHNIK
z. H. Herrn Zürner
Gotenstr. 91

33467 Bielefeld

[redacted] 21. November 1995

Viel zuviel Werbung -
viel zuwenig Menschen.

Jan Köhler möchte sich Ihnen vorstellen, um einen Auftrag zu erhalten.

Sehr geehrter Herr Zürner,

was macht eine Firma, die in den 147 Jahre ihres erfolgreichen Bestehens noch nie Werbung gemacht hat? Ich, Jan Köhler, Inhaber einer Werbeagentur in Düsseldorf, habe das erlebt - bei meinem allerersten Kunden.

Zusammen mit meinem Partner, einem begnadeten Grafiker, wurde ich damals aufgefordert, ein Werbeblatt zu gestalten. Der Anlaß war ein Umweltpreis, den diese Firma (Lackfabrik!) gerade erhalten hatte. Der Geschäftsführer holte mich zu sich und zeigte mir, wie er die beiden Fotos - die Preisübergabe und die Erfindung, für die er den Preis erhalten hatte - zusammen mit einem Text auf einem Blatt Papier geklebt haben wollte.

Ich ging in unser Büro und überlegte. Eigentlich hätte ich schon stolz und dankbar sein müssen, daß dieser Mann und sein traditionsreiches Unternehmen mich überhaupt beauftragt hatte. Seine Firma hatte bislang alle Angebote von Werbeagenturen zurückgewiesen. In meinem jugendlichen Eifer entschied ich mich für einen wagemutigen Schritt:
Beim nächsten Termin stellte ich statt der bestellten Montage einen Entwurf für ein Heft vor, in welchem der Umweltpreis, das Produkt und das Unternehmen selbst präsentiert wurde.

Und dann? Der Geschäftsführer der Diederichs Lackfabrik akzeptierte, ließ das Heft drucken und an seine Kunden verschicken. Die Reaktionen darauf waren so positiv, daß ich beauftragt wurde, ein Periodika in dieser Art herzustellen, welches regelmäßig über die Neuheiten und aktuellen Aktivitäten des Unternehmens informieren sollte.

Auch diese Maßnahme fand großen Anklang. Die Empfänger lobten die Initiative und die Aufmachung, sie schrieben zurück, machten Vorschläge und - bestellten mehr Farben.
23% Umsatzsteigerung.

-2-

[redacted]

Bankverbindung

Tel. [redacted]
Auto [redacted]
Fax [redacted]

[redacted]
Kto [redacted]
Blz [redacted]

Jan Köhler
Kommunikation

-2-

Wissen Sie, für mich ist das Menschliche eine ungeheuer wichtige Sache. Heute habe ich viele, treue, gute Kunden, denen ich oft mit ganzem Herzen verbunden bin.
Ich will alles genau wissen und das Gebiet meines Kunden wirklich durchdringen, um dann die richtige Werbung für seine Produkte machen zu können. Sicher sind hohe Budgets ein Anreiz, aber ich persönlich lege nicht so viel Wert darauf.
Mein Beruf wird durch die menschliche Wärme bestimmt, von den Personen, für die ich arbeite.

Weil ich fähig bin, „aus der Situation heraus" in der Praxis zu handeln und mich nicht in einer quarantänisierten Management-Etage hinter dem grünen Tisch verschanze, kommen oft unerwartete Ergebnisse zustande: Ganz am Anfang meiner Laufbahn hatte ich einen Mähdrescher einer ostdeutschen Firma zu fotografieren (das Budget war ebenfalls ziemlich ostdeutsch). Der Mähdrescher sollte „in Operation" abgebildet werden. Diese „Operation" wirbelte soviel Staub auf, daß ich den Mähdrescher aus großer Nähe und mit Weitwinkel fotografieren mußte, damit er noch zu sehen war. Das wiederum ergab unglaublich dynamische Eindrücke von kraftvollen Maschinen an der Arbeit, welche meinem Kunden sehr gefielen.
Noch im gleichen Sommer war der Marktführer CLAAS auf diese Bilder aufmerksam geworden. Die Firma CLAAS Landmaschinen zählt heute zu meinen, oben erwähnten, sehr guten Kunden.

Ich biete Ihnen an, zusammen mit meinem Partner und meinen Mitarbeitern mit Einsatz und Engagement für Sie hervorragende Werbung zu machen.

Ich weiß, daß sich auch bei Ihnen viele Werbeagenturen um Aufträge bemühen. Sie schicken Ihnen aufwendige Broschüren oder umfangreiche Arbeitsproben.
Ich habe Ergebnisse von Umfragen gelesen, nach denen die Eigenwerbung von Werbeagenturen in den meisten Fällen im Papierkorb landet. Ich biete Ihnen deshalb meine Person zum

alle Arbeitsproben, die Sie sehen möchten. Denn ist es nicht der Mensch, der eigentlich im Vordergrund steht?

Sind nicht alle Leistungsspektren, Kompetenzbeteuerungen oder Designerpreise vergeblich, wenn man nicht miteinander reden kann? Ist nicht das persönliche Verstehen für das Gelingen einer Arbeit das Allerwichtigste?

Lernen Sie mich und meinen Partner kennen. Lassen Sie uns miteinander reden und sehen Sie am konkreten Beispiel, wie in meiner Agentur gearbeitet wird.

Wenn Sie das interessiert, dann rufen Sie mich an - Telefon [redacted] und wir vereinbaren einen Termin.
Möchten Sie mich kennenlernen?

Mit freundlichen Grüßen
JAN KÖHLER KOMMUNIKATION

Jan Köhler

P.S. Sollte ich einmal nicht persönlich erreichbar sein, hinterlassen Sie bitte eine Nachricht, wann ich Sie am besten zurückrufen kann.

[redacted] Bankverbindung

Tel. [redacted]
Auto [redacted] Kto [redacted]
Fax [redacted] Blz [redacted]

Jan Köhler

Kommunikation

Herrn
Stephan Gebhardt-Seele
Volkortstrasse 13

80634 München

[redacted] 11.02.1996

Sehr geehrter Herr Gebhardt-Seele,

beiliegend erhalten Sie unser Akquiseschreiben.

Am Anfang stand unser Kennenlernen auf Ihrem Seminar. Ich war begeistert! - „Warum erfahre ich das erst jetzt. Das hat mir so noch keiner gesagt", waren meine Reaktionen. Daraufhin erfolgte die Umsetzung der Theorie in die Praxis mit Ihnen als Texter. Parallel habe ich mir einen aus 500 Adressen bestehenden Adressatenstamm aufgebaut, indem ich mir die für mich wichtigen Branchen auswählte. Auf die 500 versendeten Akquiseschreiben erhielt ich 2 Reaktionen. Diese beiden Interessenten konnte ich als Neukunden gewinnen und inzwischen sind sie gute Stammkunden mit festem Etat. Ich habe auf diesem Weg tolle Menschen und gute, solide Unternehmen als Kunden geworben.

Mein Fazit zu diesem Akquiseprojekt ist, daß mir der Brief einen erstklassigen Einstieg in das jeweilige Gespräch verschafft hat. Der Gesprächspartner begann oft sofort von sich zu erzählen, d.h. er hat aus dem Schreiben alle für ihn notwendigen Informationen bekommen.

Ich kann ein solches Vorgehen bestens zur Nachahmung empfehlen.

Mit freundlichen Grüßen

Jan Köhler Kommunikation

Jan Köhler

[redacted]

Tel. [redacted] [redacted]
Auto [redacted] Kto [redacted]
Fax [redacted] Blz [redacted]

Das sind sie also, die Beispiele. Es gibt natürlich viele mehr davon in meinem Archiv.

Troubleshooting

Selbst auf die Gefahr hin, den Leser zu langweilen – ich muß meine Warnung wiederholen: Die hier abgedruckten Briefe haben für die Person des jeweiligen Absenders funktioniert. Sie werden deshalb noch lange nicht für Sie funktionieren. Deshalb:

Schreiben Sie nicht ab!

Personen-Marketing ist keine »Masche«! Nicht die Worte, nicht die Formulierungen, nicht die Sätze sind es, die den hier gezeigten Werbeerfolg ausmachen. Auch wenn Ihnen die Briefe in gewisser Weise ähnlich vorkommen, weil sie alle von meinen Seminarteilnehmern, teilweise mit meiner unmittelbaren Unterstützung, geschrieben worden sind – das Geheimnis des Erfolgs im Personen-Marketing *für Sie* liegt nicht in diesen Briefen.

Es liegt in *Ihnen!*

Sie sind es, die zentrale Säule, auf die Sie Ihr Marketing und Ihre Werbebriefe aufbauen müssen. So wie Sie sind, so wie Sie denken und so wie Sie sich ausdrücken. Wenn Sie auch gut daran tun, den wahren Gesichtspunkt der Zielperson so genau wie möglich zu erforschen und soweit wie möglich zu berücksichtigen – noch unerläßlicher ist die Klarheit und Wahrheit Ihres eigenen Gesichtspunkts.

Schreiben Sie also nicht ab (um dann zu behaupten, es würde nicht funktionieren). Sie können es nämlich besser.

Es ist *Ihr* Leben, das Ihre Person ausmacht, und das kennen Sie selbst am besten.

Ihr Brief muß besser, eigener und ehrlicher werden als alle hier abgedruckten. Dazu brauchen Sie weder ein Germanistikstudium noch ein Praktikum als Werbetexter. Im Gegenteil.

Testen Sie einen Entwurf für Ihren Akquisitionsbrief an Ihrer Großmutter oder Ihrer 12jährigen Nichte, auf jeden Fall an einem Nicht-Fachmann. Wenn diese Personen ihn verstehen und glauben, daß man Sie nach der Lektüre des Briefes gefahrlos anrufen kann, dann liegen Sie genau richtig.

Geben Sie nichts auf die Urteile von Leuten, die »mit Werbung Erfahrung haben«. Ignorieren Sie alle Meinungen und guten Ratschläge von Personen, die niemals Ihr Produkt *kaufen* werden (zur Erinnerung: »kaufen werden« heißt nicht etwa gut finden, haben wollen, geschenkt kriegen oder aufgezwungen bekommen). Ich will damit nicht sagen, daß diese Leute dumm sind, aber es sind einfach nicht die richtigen Leute, um Ihren Werbebrief zu beurteilen.

Sogar Ihre tatsächlichen Zielpersonen sind nicht die richtigen! Sie sollen nämlich Ihren Werbebrief gar nicht *beurteilen.* Das tun sie aber, wenn man sie fragt, oder sogar ungefragt. Zur Erinnerung: Leute kritisieren aus Gewohnheit. Machen Sie sich nichts draus.

Wenn Sie tatsächlich keine ausreichende Resonanz in Ihrem Sinne auf Ihren Brief bekommen, dann müssen Sie die Zielpersonen etwas besser kennenlernen. Machen Sie eine Umfrage. Laden Sie jemanden zum Essen ein und befragen Sie ihn zu seinem Beruf. Finden Sie soviel wie möglich über die gemeinsamen Nenner in den Ansichten der Zielpersonen heraus. Und dann schreiben Sie ihnen wieder.

Seien Sie so ehrlich wie möglich. Seien Sie ehrlich zu sich selbst, was den wahren Gesichtspunkt der Zielperson betrifft. Schicken Sie so viele Briefe aus wie möglich. Schicken Sie immer wieder Briefe an dieselben Zielpersonen. Lassen Sie sich nicht durch die Kritik von einzelnen Beschwerdeführern oder Besserwissern davon abbringen.

Zur Erinnerung ebenso wie als Zusammenfassung hier noch einmal die vier einfachen Schritte des Personen-Marketing:

Erstens: **Sie nehmen Ihren eigenen Gesichtspunkt ein.**

Zweitens: **Sie bekommen irgendeine Idee vom wahren Gesichtspunkt der Zielpersonen.**

Drittens: **Sie kommunizieren Ihren eigenen Gesichtspunkt auf verständliche Art zu Ihren Zielpersonen.**

Viertens: **Sie kommunizieren Ihren eigenen Gesichtspunkt in Abständen *immer wieder* zu Ihren Zielpersonen.**

Jetzt sind Sie am Zug.

Anhang 1
Literaturhinweise

Al Ries und Jack Trout, zwei altgediente New Yorker Marketingexperten, schrieben mehrere Bücher über Marketing. Sie sind alle hochinteressant, lehrreich und unterhaltsam zugleich und seien hiermit wärmstens empfohlen.

Im Verlag McGraw Hill sind erschienen:

»Marketing generalstabsmäßig« (leider vergriffen, da Titel und Inhalt offensichtlich mißverstanden wurden): eine plastische Beschreibung der Zusammenhänge im Marketing auf der Grundlage der Kriegführungsgesetze, formuliert im militärischen Standardwerk »Vom Kriege« von Karl von Clausewitz.

»Positioning«: eine anschauliche Abhandlung über die Positioning-Theorie im Marketing, mit vielen Beispielen über die Entwicklung bekannter Unternehmen und Marken.

Im Econ-Verlag erschien als die jüngste Veröffentlichung der beiden Autoren: *»Die 22 unumstößlichen Gebote im Marketing«,* eine nicht minder unterhaltsame wie lehrreiche Zusammenfassung der Erkenntnisse der Autoren, inklusive einer Reihe anschaulicher Beispiele von Unternehmen, die diesen Empfehlungen gefolgt sind oder eben nicht.

In den biographischen Anmerkungen am Ende der rororo-Ausgabe *»Vom Kriege«* von Karl von Clausewitz liest man wie folgt:

»Heute noch wird Karl von Clausewitz zu den Militärschriftstellern gerechnet, weil sein Hauptwerk ›Vom Kriege‹ heißt, noch dazu von einem Berufsoffizier und preußischen Generalmajor konzipiert. Aber in Wirklichkeit schrieb hier

ein politischer Philosoph, Psychologe und Soziologe, der zwar außerordentlich viel vom Militärischen verstand, dem aber … der Krieg nur ein Teil des politischen und gesellschaftlichen Verkehrs und eine Durchführung desselben mit … gewaltsamen Mitteln bedeutete.«

Karl von Clausewitz selbst über den Krieg: »*Krieg gehört zum Bereich des gesellschaftlichen Wettbewerbs, der auch einen Konflikt zwischen menschlichen Interessen und Tätigkeiten darstellt.«*

Anhang 2
Definition des Personen-Marketing

Personen-Marketing ist die von Stephan Gebhardt-Seele definierte Form des Marketing, bei der, unabhängig von Produkten oder Dienstleistungen, die es zu vermarkten gilt, die Person in den Vordergrund gestellt wird, welche das Produkt oder die Dienstleistung am besten repräsentiert.

Dies geschieht auf der Grundlage, daß Eigenschaften, die in der Gesellschaft mit »Person« schlechthin assoziiert werden (z. B. tatsächliche Existenz, Langlebigkeit, Verantwortlichkeit), als wichtige Stützpfeiler für die Marketingstrategie verwendet werden. Weil eine Person als Individuum etwas vollkommen Unverwechselbares und Einmaliges darstellt, ergibt sich durch die konsequente Personifizierung eine hochwirksame Marketingmethode – in einer Zeit der Kommunikationsüberflutung, in der Produkte und Dienstleistungen in zunehmendem Maße austauschbar geworden sind.

Auf dieser Grundlage wurde von Stephan Gebhardt-Seele eine vollständige, in sich geschlossene Marketingmethode definiert und aufgebaut, die in wesentlichen Punkten von schulmäßigen, gängigen und verbreiteten Marketingmethoden abweicht, unter Umständen sogar gegenteilige Maßnahmen verlangt.

Die Methode kann genau beschrieben werden, sie ist dem Prinzip nach für jedes Produkt und jede Dienstleistung anwendbar. Sie wurde mehrfach in der Praxis getestet und hat sich als durchführbar und effizient erwiesen.

Anhang 3
Persönliche Mitteilungen des Autors

»Nichts ist so erfolgreich wie der eigene Erfolg!«

Vera F. Birkenbihl, Autorin und Managementtrainerin

Zu Risiken und Nebenwirkungen lesen Sie bitte die folgenden Punkte:

1. **Erfolg provoziert Neid, Zweifel und Abwertungen – vorzugsweise bei denen, die tatenlos zusehen müssen.**

2. **Erfolg macht den Erfolgreichen leichtsinnig und blind für die Möglichkeit eines Rückschlags.**

3. **Die Attacken der Versager, der Neidvollen und Mißgünstigen richten sich zuerst gegen das Erfolgsrezept, dann gegen die Quelle des Rezepts und schließlich, wenn das alles nichts nützt, gegen die erfolgreiche Person.**

Warum ich Ihnen Erfolg wünsche:

Diese Gesellschaft ist auf der Übereinstimmung über die Kontinuität des Mittelmaßes aufgebaut. Fehlschläge und Mißerfolge werden ebenso häufig diskrimiert wie Erfolge. Jede Abweichung von der »Norm« erzeugt leicht das Mißtrauen der Verfechter von »Ruhe und Ordnung«, ganz gleich, in welche Richtung abgewichen wird.

Politiker, Gewerkschaften und Medien neigen dazu, den Wert herausragender Leistungen fähiger Experten in den Schatten zu stellen und sich in zunehmendem Maße darum zu sorgen, daß Leute oder Unternehmen subventioniert werden, die sich im Zustand des »hilflosen Opfers« befinden. Die Kunde von allerlei »kostenlosen Geldausgabe-Stellen« läßt die Anzahl der Bewerber für die verschiedenen Subventionen naturgemäß ansteigen.

Es ist bestimmt übertrieben, das »Leistungsprinzip« als einzige Leitlinie des Lebens zu sehen. Goodwill, Nachbarschaftshilfe und Wohltätigkeit sind menschliche Attribute, ohne die unser Leben unfreundlich und arm wäre. Aber eine völlige Abkehr von der Anerkennung geschaffener Werte schafft Arbeitsbedingungen, bei denen immer weniger »Leistende« für immer mehr »Leistung-Empfangende« arbeiten müssen. Und das ist nicht nur ungerecht – es läßt sich auch wirtschaftlich nicht beliebig lange fortführen.

Wenn Sie ein gutes Produkt wirklich liefern und ehrlich vermarkten wollen, haben Sie sich für den geradlinigen Weg nach dem Prinzip »Leistung-Gegenleistung« entschieden. Für Sie ist es eine klare Sache, daß man sich im Denken und Handeln über das Mittelmaß erheben muß, um etwas Vernünftiges zustande zu bringen. Sie verdienen Ihren Erfolg.

Wenn Sie erfolgreich sind, werden sich andere an Ihnen ein Beispiel nehmen. Vielleicht werden jene dann aus ihrer

Bequemlichkeit aufwachen und sich auch ihrerseits einen Weg überlegen, auf dem sie das eigene Leben vom Unterlassen zum Unternehmen führen können.

Und damit ist letztlich uns allen gedient.

Liebe Leserin, lieber Leser!

Vielen Dank für Ihre Aufmerksamkeit und Ihr Interesse. Ich habe viel Freude gehabt, dieses Buch für Sie zu schreiben, und hoffe sehr, daß Ihnen die vermittelten Inhalte einige neue Perspektiven gegeben haben. Vor allem aber wünsche ich mir, daß die Anwendung dieser Informationen Ihnen zu guten, interessanten und mindestens ebenso vielen Aufträgen verhilft wie mir selbst.

Wenn Sie Fragen haben, Anregungen geben oder einfach etwas mitteilen möchten, so lade ich Sie herzlich ein, mir zu schreiben – ich werde Ihnen in jedem Fall antworten und Ihnen auch weiterhelfen, wenn ich das kann.

Schreiben Sie mir unter:

Stephan Gebhardt-Seele
Heimeranstr. 68
D-80339 München

Knaur

Guter Rat

(7736)

(82032)

(82017)

(79018)

(7838)